親の介護で自滅しない選択

太田差惠子

nbb
日経ビジネス人文庫

文庫版のためのまえがき

本書を出版して4年以上が経過しています。

今回、文庫化にあたり、内容をブラッシュアップしようと読み返しました。分かってはいたことですが、介護の悩みの多くは「普遍的」なもの……。

一方で、コロナの影響により、親との向き合い方には変化が生まれています。2020年の年末だったでしょうか。テレビでニュースを見ていたところ、『家族が集まらないことが最善』というテロップが出て、ため息をつきました。

「ずっと親と会えていない」という人の多いこと……。二世帯住宅に暮らしていてさえ、「会うことを自粛している」と話す人もいました。病院に入院していたり、施設に入居していたりする親とも、面会制限があって会えないという声が数多く聞こえてきます。

会えないことで、「親に何かしてあげたいけれど、何もできない」と、悶々と心を痛めている人。「ずっと親と会えないのは不安」と一大決心し、長年勤めた会社を退職して、親の暮らす実家に戻った人もいました。

介護には正解はないので、どの人をも否定するつもりはありません。ただ、他の考え方や選択肢を知らなかったために、あとから後悔することは避けていただきたいのです。

本書では、「無理をしすぎず」、ときには「割り切って」、「発想を変えて」親を介護する方法を提案しています。

コロナ禍で親のサポートをしづらい現実はありますが、逆手にとって成果（？）をあげている親子もいます。

ある女性は「私は帰省できない」からと、母親にホームヘルプサービスの利用を促しました。コロナ以前から勧めていたのですが、母親はなんだかんだ言って利用拒否。ところが、「コロナで来れないなら仕方ない」と利用を承諾しました。そして、次第にホームヘルパーが来る日を心待ちするようになったのです。ある男性は、感染が落ち着いた合間に帰省し、シニア向けスマホを買って父親に渡してＬＩＮＥを教えました。ビデオ通話ができるようになり、「以前よりもコミュニケーションがスムーズになった」と話します。

毎月、新幹線に乗って月2回の遠距離介護をしていた別の60代の男性は「帰省できなくなって、お金も時間も助かった。身体も楽になった。こっちだって歳だから」と安堵の表情を浮かべます。母親はデイサービスに通っているそうです。近所の民生委員さんも、ときどき様子をのぞいてくれているとか。

数年内にコロナは収束すると思われますが、いつかまた、他の感染症が流行するとか、大きな自然災害に見舞われるとか、思ってもみないことが起こるかもしれません。今、本書を手にしてくださっているあなたが、何らかの事情で親の介護をできなくなる事態が生じることだって考えられます。

子供が頑張らなくても介護が滞らない環境を整えておくことは、案外、良い方法だと思いませんか。と言うよりも、子供も生身の人間なのですから必要不可欠なのではないでしょうか。医療・介護などの専門家に味方になってもらって！　サービスをいっぱい使って！

親はもちろん、自分自身も100歳超まで笑顔で生きていくために、どうか自滅しないで。親と向き合う際の参考にしていただければ幸せです。

2021年4月

太田差惠子

はじめに

親の介護が始まったら、「自分の生活は、どうなるのだろう」と不安を抱えていませんか。すでに、始まった人もいるでしょう。

私は、介護の現場を20年以上取材しています。１９９８年には「遠距離介護」という言葉を世に送り出し、遠距離介護を行う子世代を支援するＮＰＯ法人の活動を継続してきました。そして、親の介護に四苦八苦する数多くの子と出会い、話し、情報を共有してきました。

介護に限ったことではありませんが、本当に大変な時は「今」しか見えなくなります。そして、それが永遠に続くと思い込んでしまいます（実際には、そんなことはありません）。

結果、「介護うつ」になる人も珍しくありません。ストレスから胃に穴があいたという人や、血圧が急上昇して入院した人もいました。

親の介護をきっかけにきょうだい仲が決裂した人、「介護離婚」に至った夫婦もいました。

「親のために、仕事まで辞めてしまった」と「介護離職」した女性の震える声と頬を伝う涙が忘れられません。経済的にも困窮します。

私自身は出会ったことはありませんが、「介護殺人」の当事者となってしまう子供もいます。

こうした悲劇が起こるのは、なぜでしょう。

社会が悪い？　親が悪い？　自分が悪い？

「悪者」探しをしても、良いことはありません。その代わり、ほんの少し「発想」を変えてみませんか。固定概念に縛られている自分を解き放ち、自分に優しくなってみませんか。

まず、1章に目を通してください。そして、あなた自身に「思い込み」がないか自問自答してみましょう。

1章を読み終えたら、2章以降はお好きなところから読み進めてください。状況ごとに「行動」の選択肢を提示しました（同居や近居でも、ぜひ5章も読んでください）。「自滅」を防ぐためのヒントとなるでしょう。

ただし、本書の「自滅」の選択をしても、「自滅」どころか親も子もそれぞれの人生を満喫しているケースもあります。1人ひとり、生きている背景も、性格も、価値観も、経済状態も、健康状態も違うのですから、「正解」はありません。例えば、介護をきっかけに仕事を辞めた人の中にも、「涙」とは無縁で、新たな人生への挑戦としてポジティブな生き方をしている人はたくさんいます。

大事なことは「自分さえ頑張れば」と思わないこと。そして、「本当に必要か？」と自問自答してから一歩を踏み出すこと。考えたうえでの選択であれば、「自滅」とはならないはずです。

「介護」に、振り回されないでください（倒れた当初などに振り回されるのは仕方ありません）。

しばしば「介護生活」という言葉が使われますが、私はこの言葉が苦手です。私たちは介護をするために生きているわけではありません。親のことは大切ですが、親のために生きているわけでもありません。

親の介護は、私たちの生活の一場面です。一場面であるはずのことによって、自分自身の人生を自滅させないよう、本書が少しでもお役に立てれば幸いです。

太田差惠子

親の介護で自滅しない選択●目次

2章 親が元気なうちにしておきたいこととは 61

3章 いざ親が倒れても、慌てない

4章 親の介護で仕事を辞めないために

5章 遠距離介護で親をささえる方法とは

6章 介護に掛かるお金のトラブルを防ぐ 221

7章 施設での介護もあり 251

本文イラスト・金子真理

1章

「思い込み」を捨てる

子供が親の面倒を看るのは当たり前？

自滅する人
「当たり前」と答える

自分の人生を大事にできる人
「当たり前とは言えない」と答える

「優しい息子・娘」でありたい

長年、多くの子世代の声を聞いてきましたが、子供の側の、この質問への答え方には三様あります。

1、「子供が看るべき。それは当たり前」

2、「当たり前とは言えない」

さらに、3つ目として、

3、「当たり前ではない！　と言いたいが、非人間のようで、口には出せない」

年代や居住地にもよりますが、この3つは、ほぼ同割合で存在するのではないでしょうか。答えにくい問いなので、あえて触れないようにしているという人もいます。

なぜ、答えにくいのか。それは、3の回答通り、否定は「非人間」のように聞こえるから……。冷酷で無慈悲な人間のような響きがあり、罪悪感に苛（さいな）まれるようです。声にしようものなら、「うわっ、冷たい！」と、他人からの非難を受けることもあるでしょう。すると、罪悪感は自身のココロに一層重くのしかかることとなります。

非難する人は、言葉を続けます。

「育ててもらった恩があるでしょ。親孝行するべき。それが当たり前」

世間や親から「優しい息子・娘」と思われたいというのは誰もが抱く自然な感情だと思います。結果、抱え込み、度が過ぎて自滅するケースも。「子供が

家族だけで介護を行うことは困難

今後増加する
世帯は…

単身者

核家族

高齢者

つまり

家族だけで介護を行うことは困難！

看るべき」の「べき」という表現には、義務づける強い意味合いがあります。

「できることは行う」という姿勢で

一方、「当たり前とは言えない」とためらいなく答える人が冷たいかといえば、そんなことはありません。多くの場合、「全面的に親を背負うことは当たり前とは言えない」と言っているだけで、「できることは行う」という姿勢なのです。

彼らは、日本の「高齢者介護」の歴史的な位置づけをよく知っています。高度経済成長の時代を経て一般的となった核家族。今後も、単身者世帯や高齢者世帯が増加するでしょう。家族だけで介護を行えないことは、歴然たる事実です。社会全体で支え合う仕組みとして、2000年に介護保険制度が創設されました。家族にできることはいっぱいあるけれど、できないこともいっぱいあるということを念頭におきたいものです。

2 一人っ子の場合、親の介護は超大変？

自滅する人
「一人っ子だから最悪」と考える

自分の人生を大事にできる人
「一人っ子にもメリットはある」と考える

空想と現実は異なる

親の介護でよく話題にのぼるテーマに、「一人っ子VSきょうだい複数」があります。

単純に比較すれば、「一人っ子の方が大変」と考える人が多いのではないでしょうか。確かに、子が複数いれば親の身の回りの世話や、病院の付き添いなど、ローテーションを組むことができます。例えば親の用事が10回あった場合、1人っ子なら10回担わなければならないけれど、2人なら5回、3人なら3回で済むかもしれません。

また、親の判断力が低下してきたケースなど、一人っ子は自分一人で決断しなければならないことが増えます。きょうだいがいれば一緒に考えることもでき心強いものです。きょうだいのいる人を羨ましく思うのも理解できます。

しかし、10回の用事が5回、3回で済む、というのは机上の論理です。現実は、きょうだいで同じように親と向き合えるケースは少数派だといえるでしょう。価値観、家族構成や経済状況も異なるきょうだいが等分に介護を担うのはたやすいことではないようです。もちろんうまくやっているきょうだいもいますが、不満の声もよく聞きます。

「きょうだいはいるけれど、全部私にまかせっぱなし。何もしてくれない」

「私としては、そろそろ施設介護を選びたいが、きょうだいが強硬に反対する」

「私は実家に行くのに往復5万円かかる。きょうだいはすぐ近くに暮らしてお

一人っ子にもメリットがある

- 自分のペースで親の介護に向き合うことができる
- 親のお金を使う際、親の同意があればよい（きょうだいでの金銭いさかいが起きない）

気を遣わずラク！

り交通費はかからない」

一人っ子は自分のペースを貫ける

同じひとつの事象に対して、積極的に「良い面」を見るか、「悪い面」を見るか……。「悪い面」を数えだすと、落ち込み、ストレスをため込むことになります。

「一人っ子でよかった」とサバサバと明るい表情でこんなことを言う人がいました。

「一人だから、自分のペースで親の介護に向き合うことができる。親のお金を使う際の自由度も高くて、気を遣わずラク！」と。

「シングルVS既婚」などにもいえることですが、自分の人生を大事にできる人は、比較しても変えられないことは現在の環境のなかで、なるべくポジティブに捉えようとします。その方が、親の介護もサクサク進むようです。

介護は女性の方が得意だと考える？

自滅する人
女性の方が得意だと考える

自分の人生を大事にできる人
性別は関係ないと考える

「好きでやっている？」

ひと昔前は、親の介護といえば「妻」「娘」「嫁」が中心に担うことが一般的でした。現在も、どちらかといえば、女性が介護者となることが多いといえます。女性の寿命が男性よりも長いため、子供が介護を担う前に、母親が父親の介護（つまり、妻が夫の介護）を担うケースが多いことが一因です。

もちろん、親世代でも妻が先に倒れれば、父親が介護者となるケースがあります。また、子供も、女性のきょうだいがいなかったり、シングルだったりする男性は、自分が中心になって動くことに。女性のきょうだいや妻がいる男性からも、年代が若くなるほど、「妻や、姉妹にばかりお願いはできない」という発言を聞くことが増えました。

男性が「介護は女性の得意分野だ」と言って、妻や姉妹におしつけようとすると、人間関係が崩れ「自滅」に向かう可能性があります。実際、自分の親の介護を妻にお願いして、妻から離婚を言い渡された男性もいました。

一方、女性が「自分でやった方が早いから」と言うケースもあります。しかし、その考えで継続すると、「する人」と「しない人」の関係性が顕著に。長期化すると、「どうして、自分ばかりが？」と心身共に苦しくなり、人間関係もギクシャクしてきます。おまけに、「しない人」から「好きでやっているんだろう」と言われ、腹を立てるケースも往々にみられます。

介護「する人」「しない人」を作らない！

「好きで
やってるんだろ?」

介護しない人

介護する人

○

適材適所で役割分担
(男性介護者も増加の一途)

適材適所で行う

「介護に性別は関係ない。個別に得意分野は異なる」と考える人は、適材適所で協力体制を築こうとするので、誰かに負担が集中しにくくなります。「介護」というと、入浴・排せつ・食事の介助を思い浮かべがちですが、実際にはサービスの情報を集めたり、医療や介護の専門職と話したり、親の話に耳を傾けたり、行うことの領域は広いといえます。だからこそ、性差ではなく、適材適所で協力した方がいいと思うのです。

また、入浴・排せつの介助では、たとえ家族であっても同性の方がよいケースもあるでしょう。

実際、私が代表を務めるＮＰＯで実施している遠距離介護セミナーの参加者も、年々男性が増え、現在では、参加者の性別を意識することはなくなりました。

親を介護するためにもっとも必要なものは？

自滅する人
「介護するための時間」と答える

自分の人生を大事にできる人
「情報」と答える

それそも限定された時間しかない

親の介護をするためにもっとも必要なものは「介護するための時間」だと答える人がいます。親が倒れる頃、その人は現役世代として仕事をしていることが一般的です。責任のある職務についている年代でもあり、とにかく忙しい。普段の生活でも時間に追われていることが多く、そこに親の介護が必要になると「時間をどうするか」が最大の課題だと考えるのでしょう。

気持ちは分かるのですが、「自滅」しないように気を付けてください。

なぜなら、望んでも「時間」は増えませんから……。

そもそも人には、1日24時間という限られた時間しかありません。そのうち、仕事で拘束される時間、睡眠や食事のための時間を削っていくと、限定された時間しか残らないことになります。その限られた時間のなかでどうするかを考えることが重要です。現実的になったほうがいいと思うのです。

介護は「情報戦」

現実を直視する人は、必要なのは「情報」だと答えます。彼らは限られた時間のなかで、どうすれば仕事や自分の生活と親の介護を両立できるかと考えます。「情報」を入手することで、自分の人生を大事にしようと考えているのです。

介護は情報戦！
知っておきたいことはいろいろ

- 介護の相談窓口（→P94〜）
- 介護サービスの種類や利用方法（→P140〜）
- 職場の介護支援策（→P182〜）

その他、こんな「情報」も大切！

- 親が介護サービスの利用を嫌がったとき（→P124〜）
- 高齢者施設を選ぶ際の立地は？（→P256〜）

など

初めての介護となれば、分からないことだらけです。何が必要かも分からなければ、それを補うどんなサービスがあるかも分からない。もちろん、どうすれば取り入れることができるのか、どんな風に取り入れれば効率的かも分からない。

まず、介護サービスの種類や利用方法、職場の介護支援策を調べるでしょう。こうした正攻法の情報のほか、親が「介護サービスなんて使いたくない」と拒否したときには、どうすればいいのか。裏技的な情報も、あるのとないのとでは大違いの結果をもたらします。

筆者は、介護は「情報戦」だと考えています。

「情報」は待っていても、向こうからやってきません。自分から取りに行く姿勢が必要です。ありがたいことに、情報量は動くほどに増えていきます。

介護に関する「情報」の入手先については、後の章で説明します。

5 連絡ツールに親もスマホを使う？

自滅する人
「無理に決まっている」と言う

自分の人生を大事にできる人
使い方を教えた

固定概念とはいいかげんなもの

少しずつスマホを利用する親が増えています。メール機能を使う親が多いですが、コロナがまん延して以降、ＬＩＮＥなどのビデオ通話で家族と交流する高齢者も増加。パソコンで活用している人もいます。

しかし、自分で書いておいてなんですが、ＩＴには関心のない親も多く、「利用しなければ自滅する」というのは飛躍しすぎですね。

とはいうものの、試しもしないで「無理に決まっている」と言う人は要注意です。


「うちの親はスマホなんて使えるはずがない。メールも無理」

「高齢者は新しいものを好まないものだ」

「高齢者は肉料理よりも魚料理を好む」

「老いると性格がまるくなる」

「老いたら、子の傍で暮らすのが幸せに違いない」


書き出したらきりがないのでこのあたりにしておきましょう。

固定概念とはいいかげんなもので、当てはまらないケースはいっぱいあります。新しいものを好む親は多く、魚より肉という親も珍しくない。老いるほど性格がとがる親もいますし、子の傍で暮らすことが幸せとも限りません。

固定概念とはいいかげんなもの

- お年寄りとは、魚料理を好む
  →ステーキ好きなお年寄りは少なくない
- お年寄りは、ITは苦手
  →高齢者向けのパソコン教室、スマホ教室は盛況
- お年寄りとは、子供の傍にいるのが幸せ
  →元気はつらつな一人暮らし高齢者はいっぱい

自分の人生を大事にできる人は、概して、固定概念に縛られません。それは、親の人生も大事にすることにもつながるのではないでしょうか。

絵文字で交流する

話を戻すと、高齢になると耳が遠くなり、電話での交流が難しくなりがちです。ひと昔前は、ファクシミリを利用するケースがよくみられましたが、いつからか携帯のメール機能にうってかわり、最近はビデオ通話も。

「自分が利用しているのと同じ機種のスマホを持ってもらえば、教えるのがスムーズ」という声をよく聞きます。「最初は、空メールを送っても問題ないから」と言っておくことが肝心のようです。その日の健康状態で絵文字の種類を変えて送ってくるという親もいます。

80代の親から、「折れ曲がったのではないケータイ（スマホ）が欲しい」と言われて、ガラケーを利用中の子が慌てているのを見たこともあります。

親の洋服がちぐはぐ。認知症かも

自滅する人
「困った、恥ずかしい」と思考停止になる

自分の人生を大事にできる人
「今後の課題は何か」と考える

「認知症」は病気

親の「認知症」を疑う症状が出てきた場合、「どうしよう」と頭を抱えるのは誰しも共通することだと思います。しかし、その後の行動は大きく2つに分かれます。

現在出ている症状（例えば、物忘れが多い、ちぐはぐな身なり、徘徊するなど）を世間の人々に知られることを恐れて、隠そうとする人と、逆に「親は認知症」と大っぴらにする人。前者は認知症をネガティブに捉え、なかには認めることも嫌で受診が遅れるケースもあります。後者は今後の課題を解決・軽減するために、周囲に理解と協力を得たいと考えて行動します。もちろん、早期に病院に連れて行きます。

なぜ隠そうとするのか。それは、昔、一部の病気に対する差別があった名残のようです。結婚や就職で差別されることがあり、結果、「家の恥」だと、「隠す」ことになったそうです。

もちろん、「認知症」は「タタリ」であるはずはなく、老いにともなう病気の１つです。

厚生労働省の調査によると、全国で認知症を患う人の数は２０２５年には７００万人を超えると推計されています。なんと65歳以上の高齢者のうち、５人に１人が認知症になる計算となります。

認知症は地域でささえる時代

認知症サポーター

認知症の人と家族への応援者。
認知症になっても安心して暮らせるまちを目指し、
「認知症とはどのようなものか」など
60〜90分間程度の講習を受けている

認知症カフェ

認知症の人やその家族、専門家や地域住民が
集う場として提供され、交流をしたり、
情報交換をしたりすることを目的として近年増加

隠さずネットワークを広げることが得策

隠すと、バレたらどうしようと、ハラハラしたり、ストレスとなったりします。それに、「本人は自覚がない」と考える人もいますが、それは間違いです。最初に症状に気づき、誰より一番不安になって苦しむのは本人なのです。閉じ込めるようなことをすれば、一層の混乱を招きます。症状の悪化は、介護者の負担にもつながるでしょう。

逆に、実態をオープンにすれば、理解者、協力者が手をあげてくれる可能性があります。対応方法や治療方法などの情報を入手しやすくなるでしょう。地域には「認知症サポーター」と呼ばれる人もいます。外出先から自宅に戻れなくなっても、サポートしてもらえることもあります。「認知症カフェ」などの活動も盛んになってきました。

認知症は症状が軽いうちに適切な治療が受けられれば、薬で進行を遅らせたり、場合によっては症状を改善したりできることもあります。初動が大事です。

7 親の施設入居は選択肢にある？

自滅する人
「ありません」と即答する

自分の人生を大事にできる人
「場合によっては」と答える

「施設」＝親を見捨てること？

介護の専門職と話す機会がありますが、どの人も「施設に入りたいと思っている高齢者はゼロに近い」と言います。実際、お年寄りの本音としては「自宅にいたい」が大半のようです。

そんな親の気持ちを察するからでしょうか。「親の介護が大変だ」と言っている人に、「将来的に、施設介護は考えていますか」と問うと、「それは、考えていません」と即答する人、なかには「施設なんか考えていない」と不機嫌になり、怒りの表情を浮かべる人もいます。

親の施設入居を願っている子にとっては不思議に思えるかもしれませんが、最期まで自宅で看てあげたいと強く思っている子もいるのです。

よく話を聞くと、その真意は、大きく2つに分かれるようです。

「施設に入れるのは、親がかわいそう」

「在宅介護をするって決めたからには、やり通すのが自分の務め」

両者には共通した背景があるように思います。「施設に入れる」＝「親を見捨てる」との思い込みです。が、それは誤解です。施設はかわいそうな高齢者の入るところではありません。

状況に合わせた軌道修正が必要

平均寿命に対して、「健康寿命」という考え方があります。「健康上の問題で

なにがしかの支援や介護が必要になる期間は10年前後

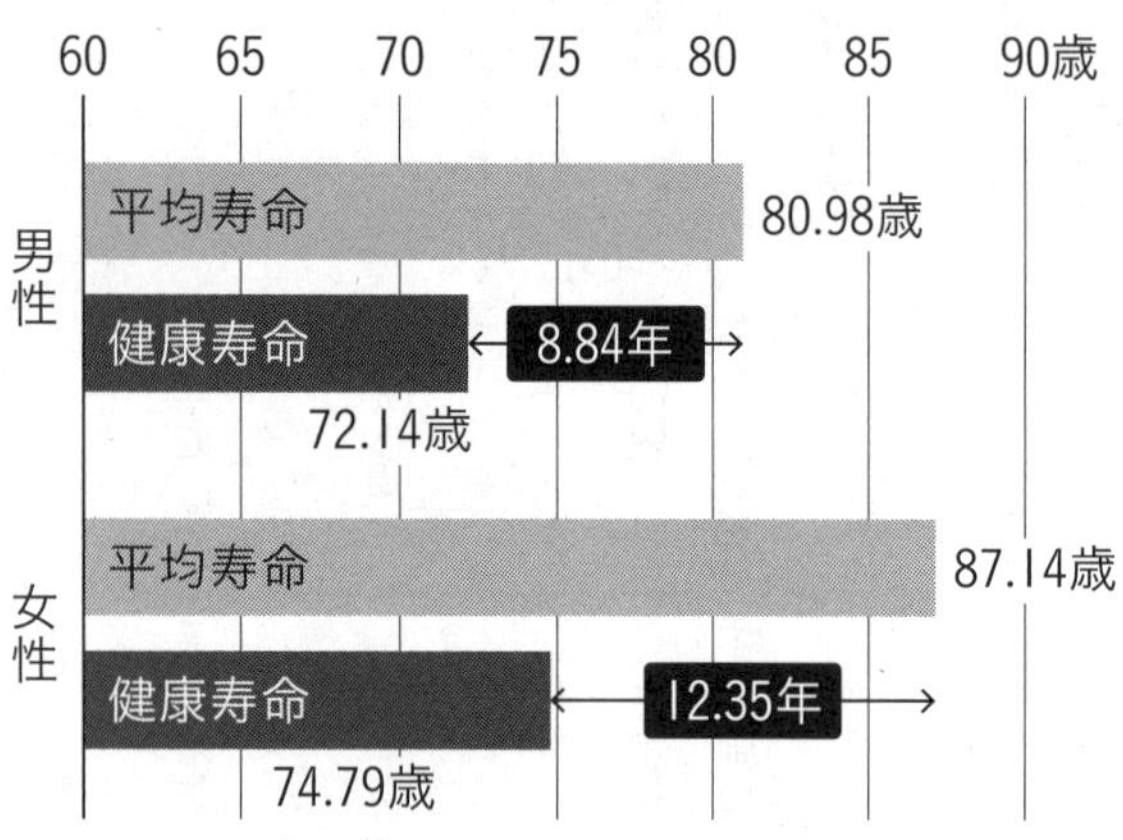

（厚生科学審議会資料より）

日常生活が制限されることなく生活できる期間」です。つまり、平均寿命と健康寿命との差は、「健康ではない期間」を意味し、なにがしかの支援や介護が必要に。今後拡大することが予測されています。この間、親の心身状況だけでなく、子の方の心身状況や生活状況が変化することもあり、「こうと決めたら、こう」と固執し続けるのは危険です。

こんな男性がいました。郷里の母親を在宅介護しようと、仕事を辞めて実家にUターンしたのですが、思った以上に大変でした。経済的にも苦しくなりました。その後、男性は心身共に疲れ果てうつ状態に。それでも、「母を自分の手で介護するために、郷里に戻ってきたのだ」と在宅介護にこだわりました。結局、男性は入院することに。行政の判断で、母親は強制的に施設に入所（「措置入所」といいます）しました。

親の介護で自滅しないためには、臨機応変に軌道修正する柔軟な姿勢が必要だと思います。

8 介護のために離職するかもしれない？

自滅する人
「離職せざるをえないだろう」と考える
自分の人生を大事にできる人
「離職はありえない」と考える

介護離職では給料が大幅ダウンする

「仕事と介護の両立」という文字を報道でも頻繁に見かけるものの、いざ自分のこととなったらどうでしょう。仕事と自身の生活だけでも多忙なのに、本当に両立は可能なのかと不安を払拭しきれない人が多いようです。

「そのときになってみないと分からない」という人が多いですが、２択ならどちらを選択しますか。

「離職せざるをえないだろう」と考える人は自滅しないよう十分な注意を。

親の介護で転職した場合に、年収は大幅ダウンするという調査結果があります。

「金は天下の回り物。何とかなるさ」と言う人もいますが、現実は、再就職先では今よりも給料は下がることが多いでしょう。再就職先が見つからずに、親の年金で生活する人も珍しくありません。しかし、親の年金は親が亡くなった時点でストップします。親が亡くなるのは、10年後かもしれませんが、もしかしたら離職した翌日かもしれません。

また、離職することにより、「経済的負担」が増すことはもちろんのこと、「肉体的」「精神的」にも負担が増したという調査結果もあります。

もちろん、離職しても金銭的に困らない確証があるケース、親の介護の有無にかかわらず「そろそろ辞めよう」と考えているケースはこの限りではありません。

介護は「何とかなる」が、お金は「何とかならない」

介護転職者の年収の変化（介護開始前と転職直後）

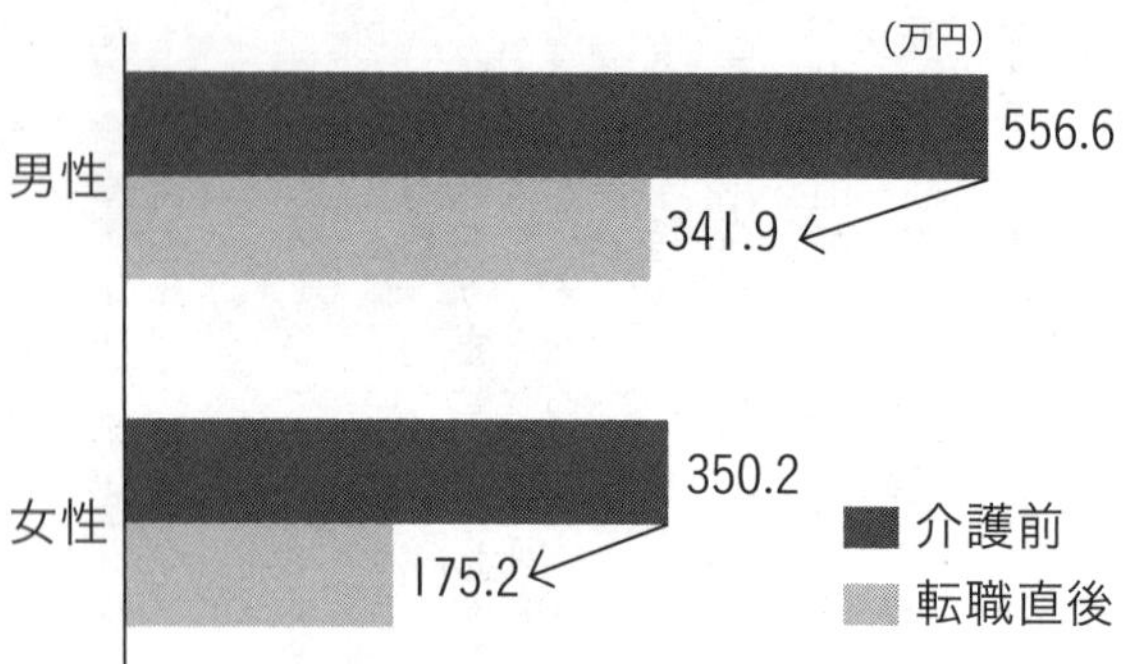

介護転職後、男性は約40パーセント、
女性は約50パーセントの収入減

（出典：2015年、株式会社明治安田生活福祉研究所,「生活福祉研究」89号、力石啓史「仕事と介護の両立と介護離職に関する調査結果」）

何とかなるのは「介護」

一方、「離職はありえない」と即答する人は、「お金のことは、何とかならない」ことを知っているのです。そのうえで、「親の介護のことは何とかなる」と考えています。実際、世の中には、子供のいない高齢者は大勢います。それでも、日本の社会では、人生をまっとうできる仕組みができています。子供がいるケースでも、国が声高に「介護離職ゼロ」と言っているのですから、辞めなくても何とかなるはずだと考えましょう。

ただ、介護を支援する制度やサービスは自己申告制になっており、じっとしていてはサポートを得ることは難しい現状があります。逆に、しっかり情報収集をして申告すれば、それなりに支援を得ることができます。

「お金」と「介護」……、どちらかといえば、何とかなるのは「介護」だと思います。

9 老いた親と距離を置くのはアリ？

自滅する人
「距離を置くことは罪悪」と答える
自分の人生を大事にできる人
「距離を置かざるを得ないこともある」と答える

親の影響で「うつ」になる子供も

世間には「親を敬うことは当然」という風潮があります。そこには、親は子に対して「無償の愛」をもって育ててくれたのだから……、という社会通念があるのだと思います。

けれども、どの親も、「敬われるべき立派な親」だと言えるのでしょうか。子を虐待する親もいます。また、「毒親」という言葉もあります。関連書籍が多数出版されているので、ここでは詳細は省きますが、ひと言で説明すると「子を支配する親」のことをいいます。その方法は、暴力や過干渉、さまざまな方法があると言われています。結果、「うつ」や「適応障害」などになっている子供もいます。

親に支配されていることに気付いている子もいれば、気付いていない子もいますが、いずれにしろ「介護」という状況になった際はやっかいです。その親は、長年の関係性で、その子がどう言えば動くか熟知しているからです。

子は親を選んで生まれてきたわけではありません。相応の過程をへて「今」があるのであれば、勇気を持って、親と距離を置くことが「自滅」を防ぐためには必要な場合もあると思います。

時には線引きも必要

「無償の愛」で育てられた人々の多くが、「子供を愛さない親などいるはずが

親と距離を置くことが必要なケースも

親子間の歴史によっては、
「介護」することが難しいケースもある

ない」と考え、親と距離を置くことを非難してきますが、スルーするしかないでしょう。いくら親子の歴史を説明しても信じてはもらえず、逆に、説教されるだけです。「こうして立派に生活しているのは親のおかげでしょう。介護してあげなさい」と。

そう言われれば、距離を置くことに罪悪感がふつふつと沸いてきて気持ちは揺らぐでしょう。孤独な戦いとなります。

「毒親」とまでは言わなくとも、子供に対して過度に依存、無理難題をふっかけてくる親もいます。例えば、泣きわめいて24時間傍にいることを強いる親、どんなに世話をしても罵倒してくる親……。どこまでも、付き合わなければならないとは考えず、「自分ができるのはココまで」という線引きもやむを得ないでしょう。もちろん、線引きをすることで、親の生活に支障が出るなら保護責任者遺棄となるので、事前に介護保険や福祉につなげておくことは必要です。

10 「要介護」の親がいる。海外旅行に行く？

自滅する人
「行かない」と即決

自分の人生を大事にできる人
「行く方向で検討する」と言う

「犠牲」になっている意識が芽生える

介護を必要とする親がいる場合に、友人から海外旅行に誘われたらどうしますか。しかも、かねて行きたいと思っていた国だったら……？

「行かない」と即決する人に理由を問うと、「親を看取ったら行く」と言います。一方、「行く方向で検討する」と言う人は、「『看取ってから』なんて言っていたら、一生行けなくなる」と話します。

親が支援や介護を要する状態になっても、24時間365日、不安定な状態が続くわけではありません。通常、悪くなったり、良くなったり、安定したりを繰り返します。

「行かない」と言う人のなかには、海外旅行に限らず、国内旅行も、飲みに行くのもガマンするという人もいます。介護中は「遊び」は自粛するべき、という考え方です。「自分だけが楽しい時間を過ごすこと」に罪悪感を抱くというのです。

もちろん、親の状態が不安定で目を離せないときには、予定変更を余儀なくされることもあるでしょう。けれども、生きている以上病気やトラブルはつきもので、自分自身が、家族の予定を潰してしまうこともあるのと同じことです。「もしも」と自粛ばかりしていると、自分の人生を犠牲にしているような気持ちになってきます。自分が笑顔でいられないのに、親を笑顔にすることなどできるのでしょうか。

100歳になることが普通の時代に

100歳以上高齢者
最多8万450人　50年連続増（2020年9月）
2020年度に100歳を迎える人　4万1802人
（1963年度は100歳以上の人をすべて合計しても153人だった）

親が100歳になったら、あなたは何歳？

仕事や趣味をいきいき頑張る
100歳くらいの方を
「アラハン（アラウンドハンドレッド）」
と呼ぶ新語も登場

親が100歳になれば子も「高齢者」に

何らかの病気によって、親の余命が見えているケースはともかくとして、通常の介護を要する状態であるなら、今後、長期にわたる可能性もあります。「看取ってから」と言っていると、親が死ぬのを待つことにもつながりかねません。親が１００歳になれば、子も70代？　状況によっては、海外旅行に行けないかもしれませんよ。

旅行や趣味など、楽しい時間を持つことで気分転換になり、親に対して優しく接することができる場合もあります。渡航すると、スグには戻れない心配はつきものですが、親を看てくれる態勢を整えられれば、「行かない」と即決することはないでしょう。海外出張もＯＫです。詳しくは、後の章で説明しますが、介護保険のサービスにも、一時的に施設で宿泊できるサービスがあります。旅行に行く間、施設に入ってもらうのは、親不孝でしょうか？

2章

親が元気なうちにしておきたいこととは

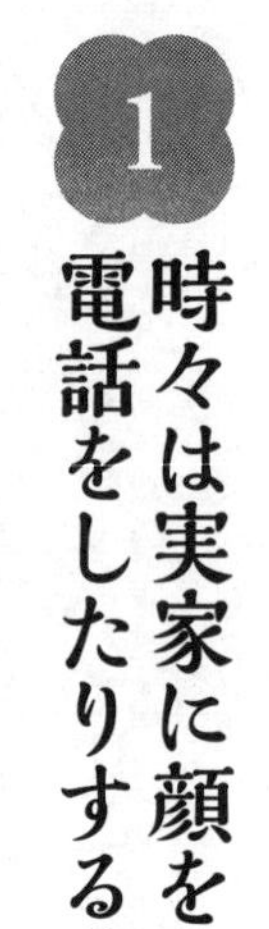

1 時々は実家に顔を出したり電話をしたりする？

自滅する人
連絡は盆正月のみ

自分の人生を大事にできる人
用事がなくても連絡する

何かあっても連絡がくるとは限らない

別居の場合、親が元気なうちは、こまめに連絡をとらないという人もいます。「何かあれば、親の方から連絡してくるはず」というのが言い分です。結果、連絡をするのは盆正月の帰省の頃のみ。コロナ禍でなくても帰省は年に1回以下という人も珍しくありません。

しかし、本当に親は何かあったら連絡をしてくるのでしょうか。親の性格にもよりますが、子に心配をかけたくないから、何かあっても「言わない」という選択をする親もいます。

もちろん、「うるさいくらい」連絡をしてくるという親もいますが、比率でいえば、前者の方が多いと思います。実際、「親が大病を患い入院・手術していたことを正月に帰省して初めて知った」という子供の声をしばしば聞きます。後から聞かされると、「自分は親から頼りにされていない」と落胆しますが、頼りにされていないのではなく、心配をさせたくない、との親心です。「忙しい」オーラ満載の息子や娘に「具合が悪い」と連絡しにくいのですね。

コミュニケーションを高めて異変を察知する

連絡がなくても、両親健在で、彼ら2人でトラブルを未然に防げる状態であるならいいのですが、そうでなければ……。

「連絡してくれていいんだよ」オーラを

「忙しい」
オーラの子供

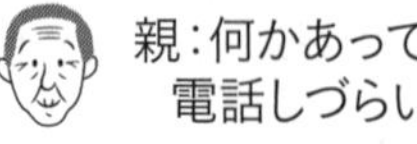

親：何かあっても
電話しづらい

「電話してきていいよ」
オーラの子供

親：電話しやすい

ある男性は1年ぶりに帰省したところ、1年前とはまったく異なる実家の雰囲気に唖然としたといいます。家事に手がまわっておらず、家の中は混乱を極めていました。冷蔵庫の中には賞味期限切れの食材がたくさん入っており、洗濯物がそこかしこに放置されています。しかも、胡散(うさん)臭い工事の領収書が何枚もテーブルに置かれていました。良からぬ業者が出入りしているようです。母親を病院に連れていくと、認知症であることが分かりました。父親もうつの状態で、治療することに。

連絡をこまめにしていれば、もっと早い段階で異変を察知できたはずだと、男性は後悔していました。認知症やうつの治療も、早期に開始するほうが良い結果をもたらします。実際、定期的に連絡をとることで、悪徳業者の餌食になることを間一髪で防ぐことができたという人もいました。

後手になるのは自滅への第一歩。親に対して「連絡してくれていいんだよ」オーラを漂わせておきたいものです。

2 真逆の価値観であっても、親の話にひたすら耳を傾ける？

自滅する人
ひたすら聞き続ける

自分の人生を大事にできる人
喧嘩を恐れず、自分の意見も言う

元気なら時には喧嘩も

親とのコミュニケーションを増やそうとするとき、ひたすら親の話に耳を傾ける人がいます。確かに、「聞く」態度を示さなければ、親は口を開かないケースもありますが、子は頷くだけでいいのでしょうか。たとえ親が自分と真逆の価値観の話を延々としても共感し続けるのが良いことなのでしょうか。

親の心身の具合が良好なのであれば、今こそ、価値観が違うことも知っておいてもらうチャンスです。親と子は対等な関係として向き合い、親の話に耳を傾けつつ、子の話にも耳を傾けてもらうことが重要だと思うのです。ときには、子が自分の意見を話すことで、親子喧嘩になるかもしれませんが、それもやむなし。

多少なりとも緊張感は必要

それに、子供が何でもかんでも頷き、言いたいことを飲み込んでいると、親は「自分の考えはすべて正しく、すべて通る」と思い込んでしまうケースがあります。

実際、親の介護に振り回されている人にインタビューすると、その人が優しすぎるのでは？　と思うことが往々にしてあります。恐らく、ずっと親の気持ちや都合を優先してきたのでしょう。

元気なうちは「親子喧嘩」も

親が元気なうちは、親の話に耳を傾けつつ、
子の話にも耳を傾けてもらうことが大切

「どうして、親の言うことを受け入れ続けるのか」と問うと……、「親に反論して、親の血圧が上がり、心身の具合が悪くなって入院でもしたら、もっと大変なことになる」と言います。すべて、親中心。

親は、「自分の考えは正しい」と確信しているから、子に要求していることが「無理難題」とは思っていないわけです。子供が苦しんでいることにも気づいていないでしょう。子供が従ってくれると、「もっと、もっと」と希望は助長していくことすらあります。親からすると、「やってもらって当然」なので、「親から感謝をされている実感はない」という子供が少なくありません。

親と子の人生は別々のものなのだから、ある程度の緊張感は必要だと思います。

前項と相反するようですが、親の性格次第では、少しは遠慮してもらえる関係性を保っておきたいものです。繰り返しますが、親の具合が悪くなってからだと余計に難しくなるので、元気なうちがチャンスです。

3 配偶者やきょうだいと親の老後や介護について話す？

自滅する人
話さない

自分の人生を大事にできる人
積極的に話す

意見は食い違うことが多い

結婚している人は、夫婦2人に親は4人。同時期に倒れたり、病気を発症したりすることも多いでしょう。

どのようにささえていくか、不安に思っている人は多いのに、なぜか、夫婦やきょうだい間で「話し合いをしていない」という声をよく聞きます。けれども、親が倒れてからだと、話し合うための時間的ゆとりはありません。

一例ですが……、ある男性は、1人暮らしの母親が体調を崩したら、当面、自分の家に呼んで療養してもらおうと考えていました。しかし、妻には話していませんでした。「そのときがきたら、同意してくれるものだと思い込んでいました」と男性。実は、半年ほど前、そのときが訪れました。母親が入院。男性が意向を話すと、妻は拒否。妻からすると、あまりに唐突な提案でした。

とはいえ、妻は、退院後に義母を実家に1人にさせることを主張しきれず、なし崩し的に同居をスタート。しかし、しばらくすると「いつまで、この状態を続けるのか」という不安と不満が生じてきました。「出ていって」とは言いにくく、夫婦の関係がこじれ、離婚の危機にあるといいます。

自分の親は自分で看る時代に

では、事前に、何を話し合っておけばいいのでしょう。

もしもの時の関わり方を考え、話し合っておく

❶ 自分はどのように親と関わりたいか

❷ 配偶者やきょうだいは
どのようにその親と関わりたいと考えているか

❸ ①、②は実現可能か。
意見がすれ違う場合は、折衷案を考える

ポイント

親が元気なうちに話し合う！
いざ、倒れてからだと
折衷案を考える時間的ゆとりがない

親が倒れたら、どのようにささえていこうと考えているか。先の男性の場合、「母親が倒れたときには、呼び寄せてサポートをしたい」と妻に話しておけばよかったのでしょう。母親が元気なときであれば、妻も自身の意見をしっかり整理できただろうし、夫との折衷案を模索する時間的なゆとりもありました。

新聞やテレビでも、連日のように介護のことを報道しています。男性が介護者となっている映像を見ながら、「男性介護者が増えたね。自分の親は自分で看る時代になった」と夫に話す、という女性がいました。自分自身の人生を大切にしたいから、親が元気なうちに、夫の意識改革をしているのです。「同居は無理」とも話しています。

きょうだい間でも同様です。少しずつ親の介護の話題を共有することで、「関わっていく覚悟」ができます。各自に当事者意識が生まれ、「一緒に向き合う」ムードができてきます。

介護が必要になった場合の、親の希望を知っている?

自滅する人
知らない

自分の人生を大事にできる人
知っている

元気だから聞けることもある

夫婦やきょうだい間で親の今後について話し合っておくことは大切ですが、そもそも親の希望を知っているでしょうか。

「元気な親に、縁起でもない話をすることは……」とためらう声をよく聞きます。

そうでしょうか。元気だからこそ、聞けるのです。弱って、床に臥せる親に、「どうしたい？」などと聞けるものではありません。

身体の自由がきかなくなったら、どこでどのように暮らしたいか。住み慣れた家なのか、子供の傍なのか、あるいは施設なのか。子供の傍といっても、子供が複数いる場合は、どの子の傍か。もちろん、親の希望を確認しても、それをすべて叶えられるわけではありません。

もしかすると、「仕事を辞めて、戻ってきて同居してほしい」と言われるかもしれません。無理な注文であれば、「それは無理だけど、じゃあこれは？」など、両者の折衷案、落としどころを探ることができます。

親の人生は親のものだから

親を見送った人に、「聞いておけばよかったこと」は何かと聞くと、最期の治療方法を挙げる人が多いです。延命措置をしたいかどうか。聞いていないと、そのときがきて、どうしてあげたらいいか分からず、頭を抱え込むことに

聞いておきたい親の希望

❶ 身体の自由がきかなくなったら、どこで暮らしたいか
❷ 誰から介護を受けたいか
❸ 延命措置は受けたいか

ポイント

親が元気なうちに聞く！
具合が悪くなると聞きづらい

意見がすれ違う場合は、折衷案を考える

なるといいます。

親の意思が不明だと、子供に判断を迫られます。このとき、医師に「延命措置をしないと、どうなるか」と聞くと、衝撃的な言葉が戻ってくることがあります。「餓死して亡くなる」とか、「干からびて死ぬ」と言われた人がいました。こうした表現をする医師の良識を疑いますが、とにかく非常に苦しい選択となり、きょうだいがいる場合も意見が割れます。

では、「知っている」という子は、どのように聞いているのでしょう。

親の意思を聞くだけだと一方的になるので、まず、自分自身に何か起きたときに延命措置を望むかどうか伝え、そのうえで「お母さん（お父さん）は、どう考えている？」と聞き出したという人がいました。一緒に「エンディングノート」を記入したという親子も。親が「日本尊厳死協会」の会員になったという人もいました。確かに、書面に意思が記されていると安心です。どのような方法にしろ、急がず、ゆっくり聞くことがコツだと思います。

実家の近所の人とは親しくしている?

自滅する人
交流ナシ
自分の人生を大事にできる人
立ち話できる人がいる

遠くの親類より近くの他人

自分の育った場所に親の家がある人は、その近所に立ち話をできるような知り合いがいることが多いです。

一方、独立してから親が住み替えたという人は、知り合いはおらず、土地勘もないことが多いでしょう。将来的にその家で暮らすつもりでもなければ、ご近所と交流するのは面倒だと思うかもしれません。けれども「遠くの親類より近くの他人」という諺があるように、近くの他人は大事な存在です。

例えば、忙しいさなかに、親から「具合が悪い」と電話がかかってきたらどうしますか。近距離ならまだしも、数百キロ離れて暮らしていたら……。近所に様子をのぞいてくれる人がいるのと、いないのとでは大違いです。

こんな男性がいました。500キロ離れた実家に電話をしたところ、一人暮らしの父親が一向に受話器を取りません。とうとう深夜になりました。悪い予感しかせず、結局、男性は車で500キロを走りました。親は、町内の1泊旅行に出掛けていたのでした。

翌日の勤務を休むことになり、男性は、父親を罵倒したそうです。が、後に2点反省していました。

①普段、めったに連絡しないから、父親から旅行の予定を聞いていなかった（親とのコミュニケーション不足）。

②近場に親の様子を聞ける人が誰もいなかった（親の地域の人とのコミュニケ

「民生委員」とは

- 民生委員法に基づいて厚生労働大臣から委嘱
- 活動はボランティア
- 地域住民の立場から
生活や福祉全般に関する相談・援助活動
- 創設100年以上の歴史を持つ制度

親の暮らす地域の民生委員を知りたい場合は、
役所に問い合わせる

（民生委員も高齢化により、不在の地域もある）

ーション不足)。

ご近所による見守り体制

ご近所と交流がある、という人からは、「別居していても、普段の親の様子を聞くことができ安心」という声をよく聞きます。帰省時に挨拶に行くと、「先日、具合が悪いと寝込んでおられましたよ」「いつも元気にされていますよ」などの情報を得ることができるというのです。

携帯電話の番号を渡して、「気になることがあれば、お知らせください」とお願いしている人もいます。カーテンが閉まったままになっている、新聞が郵便受けにたまっている、などの異変をキャッチしてもらえれば安心感は大幅にアップします。地域の「民生委員」(右図)を探して、定期的な訪問(見守り)をお願いしているという人もいます。

6 親の年金額や貯蓄額を知っている？

自滅する人
知らない

自分の人生を大事にできる人
概ね把握している

資金力でできることには違いが生じる

6章で詳しく説明しますが、親の介護にかかる費用は、原則、親のお金を充てるのが筋、というのが筆者の考えです。つまり、将来的に、親に介護が必要になればその収入や蓄えが介護の資金になるということです。

しかし、いくらくらいあるか「知らない」という人がとても多いです。把握できていなければ、どのような介護ができるか検討するのは難しいと言わざるをえません。例えば、蓄え２０００万円、月々の年金20万円の親と、蓄え０円、月々の年金６万円の親では、介護が必要になった際に選べるプランは大きく違ってきます。

なぜ親の懐事情を知らないのでしょう。「お金のことは、親子とはいえタブー」という声が聞こえてきます。

確かに、子供から聞かれれば、詮索されているようで不快に思う親もいるようです。けれども、仕事でも予算ありきのように、介護も予算ありきの面があります。親に金銭的ゆとりが大きいことが分かれば、介護サービスをいっぱい利用することも可能です。施設にしても、選択肢は広がります。

「子供の世話にはならないから」が口癖の父親が、いざ倒れて、「まさかの借金が判明した」という男性がいました。彼は、「金がないなら、僕が看るしかない」と、介護離職を検討していました。「自滅」への一歩とならないといいのですが……。

聞いておきたい親の懐事情

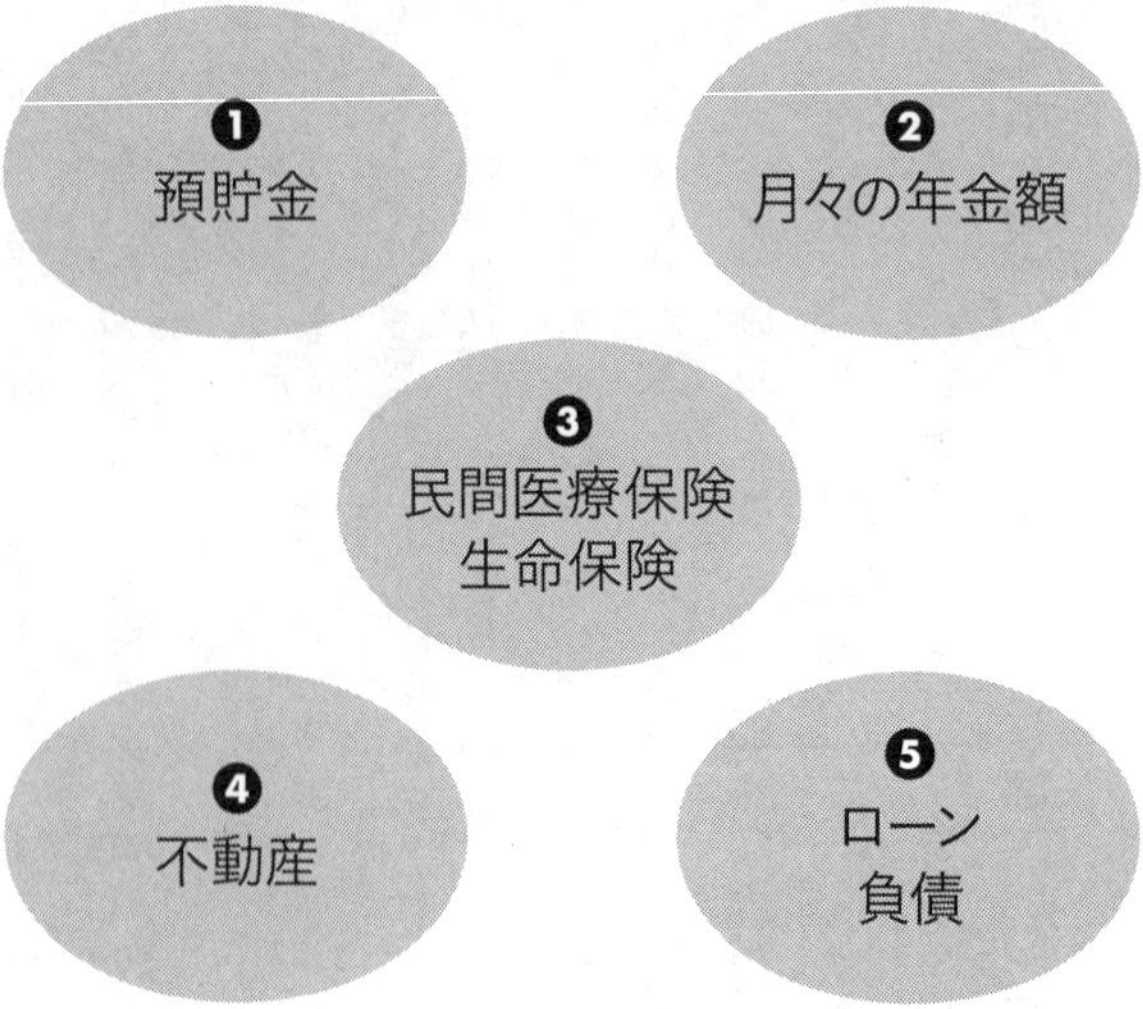

❶ 預貯金

❷ 月々の年金額

❸ 民間医療保険
生命保険

❹ 不動産

❺ ローン
負債

のでしょう。

親の性格に留意しながら聞き出す

親の懐事情を把握している人は、どのようにしてその内容を聞き出しているのでしょう。

唐突にお金の話を切り出すのは難しいものです。普段から「対話」を築けていてこそ、できる話題だといえます。

「確定申告をしてあげるよ」と言って、金銭書類をすべて確認したという人がいる一方、「将来のことを検討するのに、いくらあるか知ることは大切だから」とダイレクトに聞いたという人もいます。「民間保険を見直したら、不要なものがあった」と自分の保険を見直してから、その情報を伝えつつ、親の加入する民間保険の内容、所得や蓄えを聞いたという人もいました。

親子の関係、性格にもよりますが、日頃からのコミュニケーション力が試されます。

7 緊急時の連絡手段を決めている？

自滅する人
決めていない

自分の人生を大事にできる人
決めている

緊急事態は突然訪れる

親との緊急時の連絡方法について、「今は元気だから、まだ必要ない。介護が必要になったら考える」という人がいます。しかし、緊急事態は突然起こるから「緊急」なのです。電話をかけられない・かからないときの連絡方法を決めていないと、慌てることに……。

緊急時の対策は、しっかり行っても「万全」とはいえません。けれども、講

緊急通報システムの仕組みの例

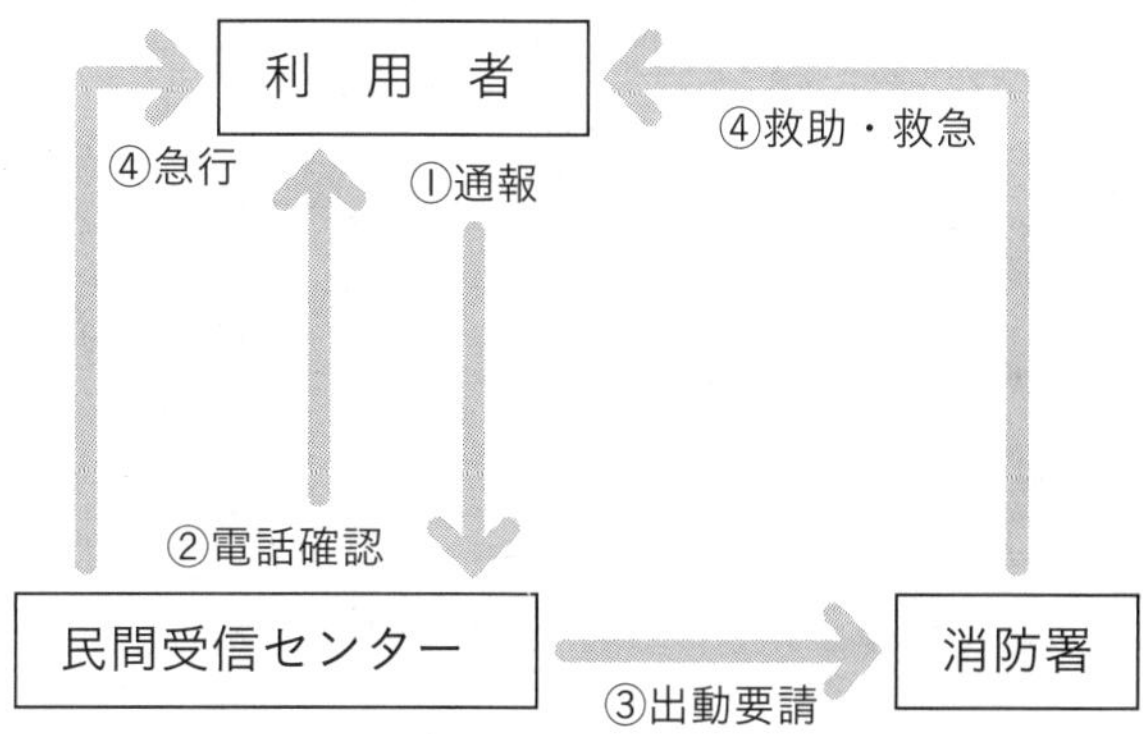

（出典：中野区公式ホームページ「緊急通報システム」
http://www.city.tokyo-nakano.lg.jp/）

「避難行動要支援者名簿」の登録

災害時の避難誘導や安否確認などの支援を行うために、必要とする人の名簿を作成し、関係機関で共有するもの

役所に申告する

対象

災害が起きたときに、自分ひとりで移動することが難しく、避難するために何らかの手助けが必要となる方

じていてダメだった場合はあきらめもつきますが、講じていなかった場合は、後々、自分の人生に後悔を引きずることにつながりかねません。

病気やけがに対しては、ほとんどの自治体で「緊急通報システム」というサービスを実施しています。システムの内容や利用できる条件や料金は自治体ごとに違いますが、ボタンを押すだけで、あらかじめ決められた場所に通報できる仕組みになっています。民間のセキュリティサービスを利用したり、ボタン1つで電話をかけられるワンプッシュ連絡機能のある携帯電話を利用したりする人もいます。

地震や風水害に対しては、高齢者だけの世帯などが逃げ遅れないよう、自治体では、「避難行動要支援者名簿」の登録を行っています。役所に登録しておけば、避難時にサポートを受けられるというものです。

8 病気の母親が1人暮らしになるが、結婚で家を出る？

自滅する人
結婚をあきらめる

自分の人生を大事にできる人
意を決して、家を出る

20代の子が50代の親を心配する

20代30代のときに、親の具合が悪くなるケースがあります。周囲の友人・知人には同じような経験をしている人が少なく、誰にも相談できずに、抱え込んでしまう人がいます。

両親揃っていればその2人で解決してくれるのですが、もともと親1人という場合のほか、一方の親の死亡や、熟年離婚も珍しくなくなりました。

例えば、30歳前後で結婚を決め、遠方で暮らすことになるとします。子供が家を出ると病気がちの母親が1人暮らしに。健康な親であっても1人だと、「親を置いて、実家から出るのを躊躇する」という声を聞くことがあります。「できれば、実家の近くで暮らせる人と結婚したい」と考える人も多いようです。

子供の数が減り、親子関係が濃くなっている面もあるのかもしれません。実際、間際になって「親を1人にさせられない」と結婚を取りやめた女性がいました。

言葉にしないと伝わらないこともある

人生のうちに「結婚してもいい」と思える相手と何度も出会えるわけではありません。自分の人生を大切にする人は、意を決し、実家を出ます。親も自分のために、子が結婚をやめることを望んではいないはずです。

65歳未満の親でも介護保険を利用できる場合もある

「特定疾病」

- 脳血管疾患
- がん末期
- 初老期認知症
- 糖尿病性腎症
- 関節リウマチ　など16種類

詳しくは厚生労働省ホームページ
「特定疾病の選定基準の考え方」
http://www.mhlw.go.jp/topics/kaigo/nintei/gaiyo3.html

5章で紹介する「遠距離介護」という方法もあります。病弱な親のことをささえる福祉、医療などさまざまな制度もあります。介護保険制度（P116〜）のサービスは、原則65歳以上の高齢者が対象ですが、「特定疾病」と呼ばれる加齢に伴って生じる病で介護が必要になった場合には、40歳から64歳でも利用できます。

一方、中年世代の人は、今の20代、30代が「親のために」と自身の人生の幅を縮小しなくてもいいように、「あなたの人生を優先しなさい」と日頃から言っておきたいものです。結婚に限らず、50代の親が倒れて仕事を辞めた20代もいました。知らない間に心配させて、知らない間に決断されると、取り返しがつかないこともあります。お金のことなども心配させないようにしておきたいものです。

「自分は倒れない」と考えがちですが、80代、90代より確率は低いとはいえ、50代、60代でも急に倒れることがあります。

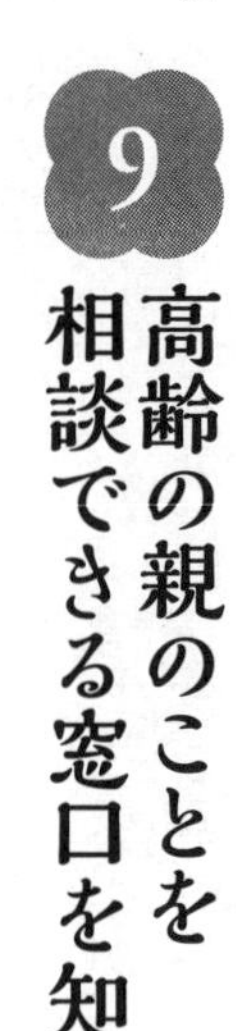

9 高齢の親のことを相談できる窓口を知っている？

自滅する人
知らない

自分の人生を大事にできる人
もちろん知っている

地域には、プロの常駐する相談窓口がある

自分の人生を大事にできる人は、心配事は抱え込まず、プロに相談して、早期の課題解決に動きます。親のことに関しても、なにがしか気がかりなことが生じたら、相談できる窓口を探します。

高齢者の生活全般について相談対応する窓口として、各自治体では「地域包括支援センター」を設置しています。高齢者の暮らし・介護のプロが在籍しています。役所の高齢福祉課などに相談に出掛けても、「担当の地域包括支援センターに行ってください」と言われます。相談料は無料です。

おおむね1中学校区に1カ所程度開設されています。住所地ごとに担当のセンターが決まっているので、親の担当となるセンターの所在地が分からない場合は役所に問い合わせましょう。

介護が始まる前にコンタクト

地域包括支援センターのことを説明すると、「うちの親は、介護が必要というわけではないから」と言う人がいます。

確かに、センターでは介護保険のことについても対応していますが、「介護保険を利用するほどではない」お年寄りのことについてサポートするのも仕事です。サービスも用意しており、例えば「緊急通報システム」（P86～）もこ

最初の相談窓口「地域包括支援センター」とは

高齢者やその家族の抱える
生活全般の悩み・相談に対して、介護のプロが、
適切なサービスの紹介や、解決のための支援を行う。
親の暮らす住所地を管轄するセンターに相談！

地域包括支援センター

主任ケアマネジャー

保健師

社会福祉士

れに当たります。

また、「地域包括支援センターの職員に助けてもらった」という女性もいました。親に電話をしましたが、声が弱々しく、異変を察知。けれども、遠方なので駆けつけることができません。そこで、親の住所地を管轄する地域包括支援センターに電話したところ、「様子を見てきます」と言い、親の自宅まで行ってくれたそうです。その親は、熱中症を発症していましたが、早期の手当てで事なきを得ました。

電話1本で、親の人生も、自分の人生も大事にできた事例といえるでしょう。「駆けつけサービス」を行っているわけではないので、過度なお願いをするわけにはいきませんが、頼りになる存在です。

地域包括支援センターでは、介護保険のサービスを利用したくなった場合には、申請のサポートもしてくれます。「そのうち」と言わず、どんなところかのぞいておきたいものです。

3章

いざ親が倒れても、慌てない

親の入院中の洗濯物をどうするか?

自滅する人
洗濯するために毎日通う

自分の人生を大事にできる人
サービスを探す

安請け合いはしない

親が入院すると、入院先での寝間着や下着類の洗濯をどのようにするかは1つの課題となりがちです。

この件で取材したある女性の苦虫を嚙み潰したような表情が忘れられません。

女性の夫の母親が入院したときのことです。夫婦共働きでしたが、夫のほうが仕事の拘束時間は長かったので、女性が「洗濯物は、私が引き受けるよ」と請け負いました。彼女の職場から義母の入院している病院まで片道1・5時間。初めての入院だったため、「毎日、洗濯物を取りに行くものだ」との固定概念があったといいます。

毎日、毎日、往復3時間。ちょっと変わったところのある義母で、女性が顔を見せても喜ぶわけでなく、礼を言うわけでもありません。そうなると、徒労感に襲われます。それでも、彼女は自分に課した「毎日」という使命を翻すことができず、退院までの20日間、通い続けました。残業ができないために仕事はたまり、疲労が蓄積。自分が言い出したことなのに、ストレスから夫に当たり散らす……。

その後、再び、義母が入院した際には、「病院に行くのは週に2回」と決め、下着や寝間着は、念のため7組用意して病院の棚に入れておくようにしたといいます。

「コレは本当に必要？」と自問自答する

「ストレス！ストレス！
なんとかしてよ」と
大爆発

決めたら
とことんやり通す
性格

爆発する前に、軌道修正する

真面目な性格が裏目に出ることも

今時の病院では、たいてい下着や寝間着のレンタルサービス、洗濯サービスを用意しています。家族が入院した場合、それでなくてもこまごまとした用事は増えるものです。頼めることは頼む、と割り切って利用している人はたくさんいます。院内で用意しているもののほか、外部サービスもあります。

それに、「決めたらとことんやり通す」という真面目な性格は、良い結果を生むこともありますが、こと親の介護では裏目に出ることも多いのです。ひと呼吸して「コレは本当に必要？」と自問自答してから手を出すようにすることをお勧めします。

「子供」といっても、10代、20代の若者ではありません。無理をしすぎると共倒れします。ストレスから爆発するのは、家族にとっても迷惑です。長続きするためにも、自分自身をいたわり大事にしつつ、親をささえるほうがいいと思います。

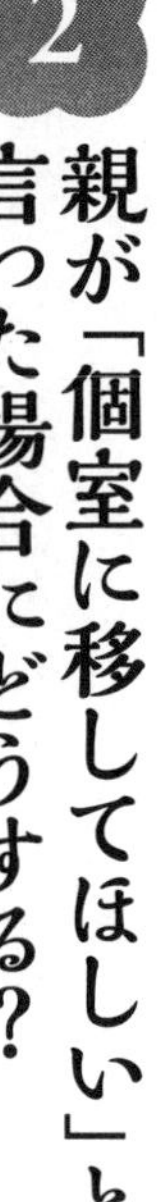

2 親が「個室に移してほしい」と言った場合にどうする?

自滅する人
スグに移す手続きをする

自分の人生を大事にできる人
民間保険の加入有無を確認する

誰が支払う?

入院する場合、通常、最初は差額ベッド料が不要の6人部屋に入ります。同室の患者それぞれが医療行為を受けているので、機器の音がしたり、ブザーが鳴ったり、落ち着かないこともあります。「同室者のイビキがうるさい」と言う親もいるでしょう。排便の臭いがすることも。そして……、

「眠れない。個室に移れるよう、看護師さんに頼んで」と親から言われたらどうしますか。

眠れないのはかわいそう、とすぐに手続きをする人もいます。けれども、個室にかかる「差額ベッド料」は高額で、健康保険はききません。

子供「個室に変えていただけますか」
看護師「A室には空きがあります。よろしいでしょうか」

よく確認もせずに同意書にサインしたら、その病院ではABCの順で料金が高く、Aは1泊3万円もしたという話を聞いたことがあります。

1泊3万円の個室に20泊すると、60万円です。誰が負担するかをよく考えてからでなければ、大変なことになります。親が負担できなければ、「入院保証人」となった子供が負担しなければいけないことに……。

差額ベッド料とは

- 定員1〜4人部屋に入院したときにかかる費用
- 正式名称は「特別療養環境室」
- 健康保険適応外で全額自己負担
- 患者が自ら希望し、同意書にサインした場合に支払いが発生
（病院都合での利用には、支払いは生じない）

＊どの部屋に入院するかによって、1日あたり0円から数万円までの差が生じることに

「こんなはずではなかった」とならないよう、自分の人生を大事にできる人は、まず、親が民間の入院保険に加入しているか調べます。加入していることが分かれば、1日いくら給付金がおりるのか確認します。

保険に入っておらず、預貯金も十分にないと判断したら、親が懇願しても心を鬼にして個室への移動をガマンするように言います。

病院都合の個室利用に支払い義務はない

一方、病院側から、「安静が必要なので、個室に移ってください」と言われることがあります。このときも、「はい、分かりました」と言う前に、差額ベッド料の扱いに関して、確認する必要があります。

通常、病院都合の個室利用では差額ベッド料は発生しません。料金がかかるのは、患者が希望し、同意書にサインをした場合のみとなっています。病状が重篤で安静のための個室利用にも、支払い義務は生じません。

3 治療法、退院後のことなど悩みが生じたら？

自滅する人
「困った、困った」と言うだけ
自分の人生を大事にできる人
病院の相談室に行き相談する

病院内の「相談室」を活用する

親が入院すると、入院生活や治療のこと、退院後の医療、生活、経済的なことなど悩みや分からないことがいろいろ出てくるものです。このとき、「困った、困った」と独り言のように呟くだけで何もしない人がいます。いえ、本当は医師や看護師に聞きたいと思いつつ、忙しそうで声をかけられないのかもしれません。経済的な不安などは医療職に相談するのもためらわれ、誰に相談していいものやら途方に暮れてしまうこともあるでしょう。

一方、悩みや困ったことが生じたら、いち早く病院内の「相談室」にコンタクトをとって解決に動き出す人がいます。言うまでもなく、後者が自分の人生を大事にできる人です。

「相談室」は、ある程度の規模の病院には設置されており、「医療相談室」、もしくは「地域医療連携室」などの名称で呼ばれています。医療ソーシャルワーカーという相談員が対応します。相談内容によって、医師や看護師、栄養士、リハビリ職員などと相談しながら、他医療機関、公的機関、介護施設とも連携して入院している患者とその家族をサポートします。相談料は無料です。

相談する際にはメモをとる

相談室は限られた人数で対応しているので、とても混んでいることがありま

入院中の悩みは病院内の「相談室」で解決

- 退院後はかかりつけの医師に診てもらいたいが、どうすれば？
- 退院後、家で介護するのは難しい、施設や病院を紹介してほしい
- 入院費用など経済的な心配が……
- 介護保険を申請していいものか……　　など

がんに関する悩み

国立がん研究センターがん情報サービス
のウェブサイト
https://ganjoho.jp/
全国のがん診療連携拠点病院などの
がん相談支援センターの情報を掲載している

す。また、悩みの種類によって担当を分けている病院もあります。長時間待たされたり、急いでいるのに「後日、出直してください」と言われたりすると、落胆しますし、時間のムダにもなります。電話で事前に予約を受け付けている病院が多いので確認してみましょう。

また、相談に出掛ける前には、聞きたいことをメモしていくことをお勧めします。自分が何に悩んでいるのか頭を整理でき、聞き漏らしを予防することにもつながります。もちろん話を聞く際にもメモしてください。医療や介護は、初めて出合う用語が多く、頭に入りにくいものです。メモがあれば、後から調べることも容易です。

また、高齢者の死因1位は「がん」です。「がん」については全国に「がん診療連携拠点病院」があり、そちらで特化した相談支援及び情報提供などを行っています（その病院を受診していなくても利用できます）。

親の介護に対し、きょうだいが非協力的

自滅する人
何とか介護に参加させようと四苦八苦

自分の人生を大事にできる人
あきらめる

何度言っても無視なら見込みナシ

通常、きょうだいがいる場合、きょうだいに対しても自分と同じように親の介護に関わってほしいと思うものです。ところが、Ｐ24～でも説明したように、等分で親と関われるケースはそんなに多くはありません。「等分と言わないまでも、少しは手伝ってほしい。どうしても手伝えないなら、お金を負担してほしい」という声をしばしば聞きます。

そして、時間が経過するほど、「どうして、自分だけ？」という思いは大きくなるようです。

そんなとき、何とかして参加させようと、きょうだいに対してしつこくアプローチする人がいます。けれども、何度言っても無視するきょうだいは、それ以上言っても、「参加の見込みナシ」のことが多いといえるでしょう。アプローチを続けると苛立ちはつのり、苦しむのは自分の方です。

「最初からいなかった」と思うとラクに

「きょうだい」と言っても、一緒に暮らさなくなり、数十年が経過していることが一般的です。価値観、家族構成も経済状態も異なります。どこに住んでいるかという地図上の距離の差により、できることが違ってくる場合もあります。

さらに、意外に大きな要因となるのが、「親」との関係です。例えば、長男は「親には良くしてもらった。感謝している」と思っていても、次男は、「親

きょうだいでも「温度差」がある

- 価値観、家族構成、経済状態が異なる
- 「親」に対して地図上の距離、ココロの距離は異なる

親の介護への関わり方が異なるのは当然

が可愛がっていたのは長男だけ」と思っていることがあります。きょうだいそれぞれに親との歴史があるのです。

「父は女性関係で、ずっと母親を泣かしていた」と話す女性がいました。女性の弟は父親の介護をしていますが、女性は「関わる気持ちはない」と言います。幼少期の事象に対する受けとめかたもそれぞれで、大きなキズになっていることもあります。

「きょうだいの気持ちを動かすことは無理だった。『最初からいなかった』と思うことで、気持ちがラクになった」と話す女性がいました。この女性の言葉に共感する人は少なくありません。

ただ、親が亡くなった途端「登場」となるケースもあるので、親の介護のために支払う金銭がある場合は、P244～の「介護家計簿」を付けておきたいものです。立て替え分は相続で清算できる可能性があります（介護をしてもしなくても親の遺言でもない限り、その遺産は等分となることが多いようです）。

5 親が弱ってきた。いつ、「介護保険」を申請する？

自滅する人
「もう少ししてから」と動かない

自分の人生を大事にできる人
スグに、相談

遠慮せず、「申請をしたい」と相談

介護保険とは、40歳以上の国民全員が強制加入している社会保険です。65歳以上の親であれば医療保険の保険証とは別に介護保険の保険証を持っているはずです。ただ、医療とは違い、保険証を持っているだけではサービスを利用することはできません。支援や介護が必要だと認められて初めて、サービスを利用できるようになります。

そのため、親のことが気がかりになってきたら、親が住んでいる町の役所に相談する必要があります。なるべく早く、「地域包括支援センター」（P94〜）に問い合わせましょう。

明らかに支援や介護が必要な場合は、即、申請手続きをすることになります。その前に、「基本チェックリスト」（P120〜121図表）の記載を求められることもあります。点数の結果によって、介護保険の申請を勧められたり、自治体が行う「総合事業」の利用を提案されたりします。介護保険の申請をしなくても、要支援者向けの訪問介護や通所介護を利用できるケースもあります。ただし、「要介護認定」を受けないと介護保険で提供される他のサービスを利用することはできません。

使いたい場合は遠慮せずに、「介護保険制度の申請をしたい」と言いましょう。場合によっては、入院中に申請をすることも可能です。

結果が出るまでに1か月ほど

申請が受理されると、「認定調査」という訪問調査が行われます。また、かかりつけの医師が心身の状況について「意見書」を作成。それらの結果をあわせ、どれくらいの介護が必要かという「要介護度」が決定することになります。

申請から結果が出るまでに1か月ほどかかるので、迅速に行動したいものです。「もう少ししてから」と、いつまでも相談にさえ行かない人がいます。その間にも、親の状況は悪くなることも考えられます。尚、結果が出る前に前倒しでサービスを受けられる場合もあるので必要な場合は相談しましょう。

家族とは違った第三者の目が親の生活に届くようになることは、大きな安心感につながります。しかも相手は介護の専門職です。利用しない手はありません。それでも迷いがあるなら、親に「基本チェック（P120〜121）」をしてもらい、相談を。

介護の相談の流れ

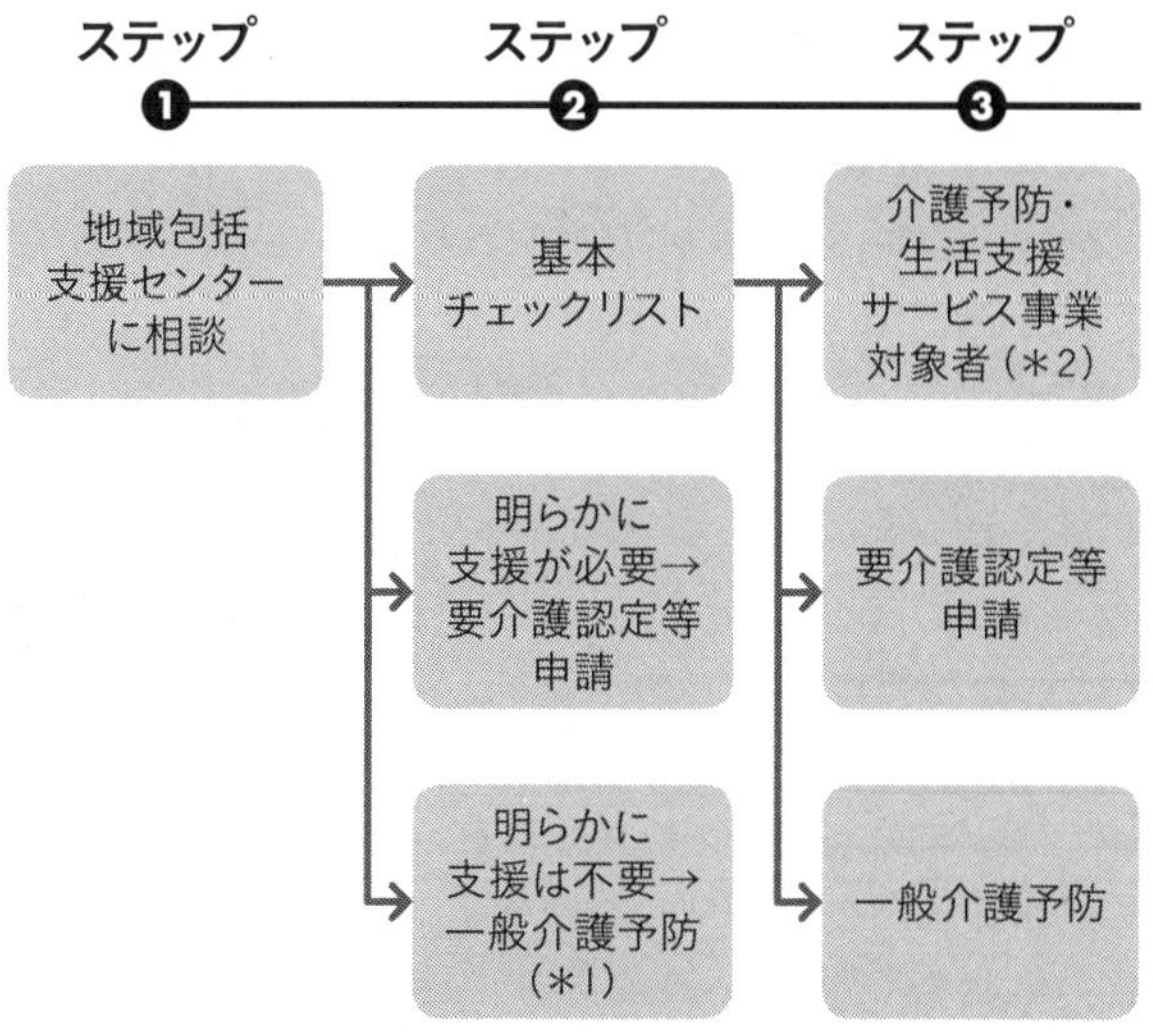

＊1　すべての高齢者が利用可能な自治体サービス
＊2　要支援者向けの訪問介護や通所介護サービス。
　　介護保険のサービスも利用したいときには、
　　「介護保険を申請したい」とはっきり言うとよい

（厚生労働省「介護予防・日常生活支援総合事業のサービス利用の流れ」より作成）

	No.	質問項目	回答		得点
暮らしぶりその2	16	週に1回以上は外出していますか	0. はい	1. いいえ	
	17	昨年と比べて外出の回数が減っていますか	1. はい	0. いいえ	
	18	周りの人から「いつも同じ事を聞く」などの物忘れがあると言われますか	1. はい	0. いいえ	
	19	自分で電話番号を調べて、電話をかけることをしていますか	0. はい	1. いいえ	
	20	今日が何月何日かわからない時がありますか	1. はい	0. いいえ	
			No. 16～20の合計		
			No. 1～20までの合計		→ 10点以上
こころ	21	(ここ2週間) 毎日の生活に充実感がない	1. はい	0. いいえ	
	22	(ここ2週間) これまで楽しんでやれていたことが楽しめなくなった	1. はい	0. いいえ	
	23	(ここ2週間) 以前は楽にできていたことが今ではおっくうに感じられる	1. はい	0. いいえ	
	24	(ここ2週間) 自分が役に立つ人間だと思えない	1. はい	0. いいえ	
	25	(ここ2週間) わけもなく疲れたような感じがする	1. はい	0. いいえ	
			No. 21～25の合計		

☆チェック方法

回答欄のはい、いいえの前にある数字（0または1）を得点欄に記入。

☆基本チェックリストの結果の見方

基本チェックリストの結果が、下記に該当する場合、市町村が提供する介護予防事業を利用できる可能性がある。お住まいの市町村や地域包括支援センターに相談を。

- 項目6～10の合計が3点以上
- 項目11～12の合計が2点
- 項目13～15の合計が2点以上
- 項目1～20の合計が10点以上

基本チェックリストとは

基本チェックリスト（厚生労働省作成）

	No	質問項目	回答		得点	
暮らしぶりその1	1	バスや電車で1人で外出していますか	0. はい	1. いいえ		
	2	日用品の買い物をしていますか	0. はい	1. いいえ		
	3	預貯金の出し入れをしていますか	0. はい	1. いいえ		
	4	友人の家を訪ねていますか	0. はい	1. いいえ		
	5	家族や友人の相談にのっていますか	0. はい	1. いいえ		
			No. 1～5の合計			
運動器関係	6	階段を手すりや壁をつたわらずに昇っていますか	0. はい	1. いいえ		
	7	椅子に座った状態から何もつかまらずに立ち上がってますか	0. はい	1. いいえ		
	8	15分間位続けて歩いていますか	0. はい	1. いいえ		
	9	この1年間に転んだことがありますか	1. はい	0. いいえ		
	10	転倒に対する不安は大きいですか	1. はい	0. いいえ		
			No. 6～10の合計			3点以上
栄養・口腔機能等の関係	11	6ヶ月間で2～3kg以上の体重減少はありましたか	1. はい	0. いいえ		
	12	身長（　　　cm）　体重（　　　kg） （＊BMI 18.5未満なら該当） ＊BMI（＝体重（kg）÷身長（m）÷身長（m））	1. はい	0. いいえ		
			No.11～12の合計			2点以上
	13	半年前に比べて堅いものが食べにくくなりましたか	1. はい	0. いいえ		
	14	お茶や汁物等でむせることがありますか	1. はい	0. いいえ		
	15	口の渇きが気になりますか	1. はい	0. いいえ		
			No. 13～15の合計			2点以上

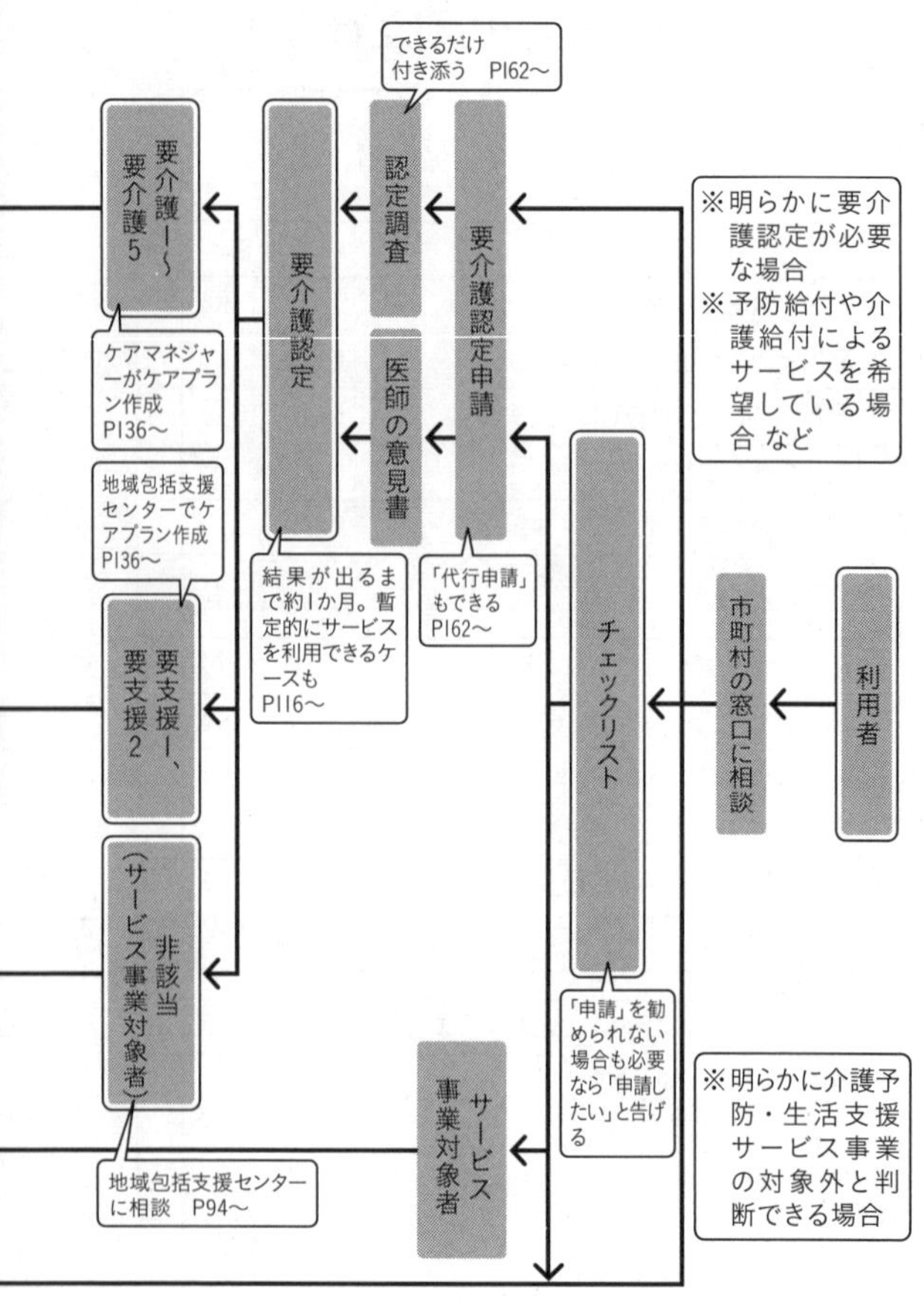

（厚生労働省「介護予防・日常生活支援総合事業のサービス利用の流れ」より作成）

介護保険申請の流れ

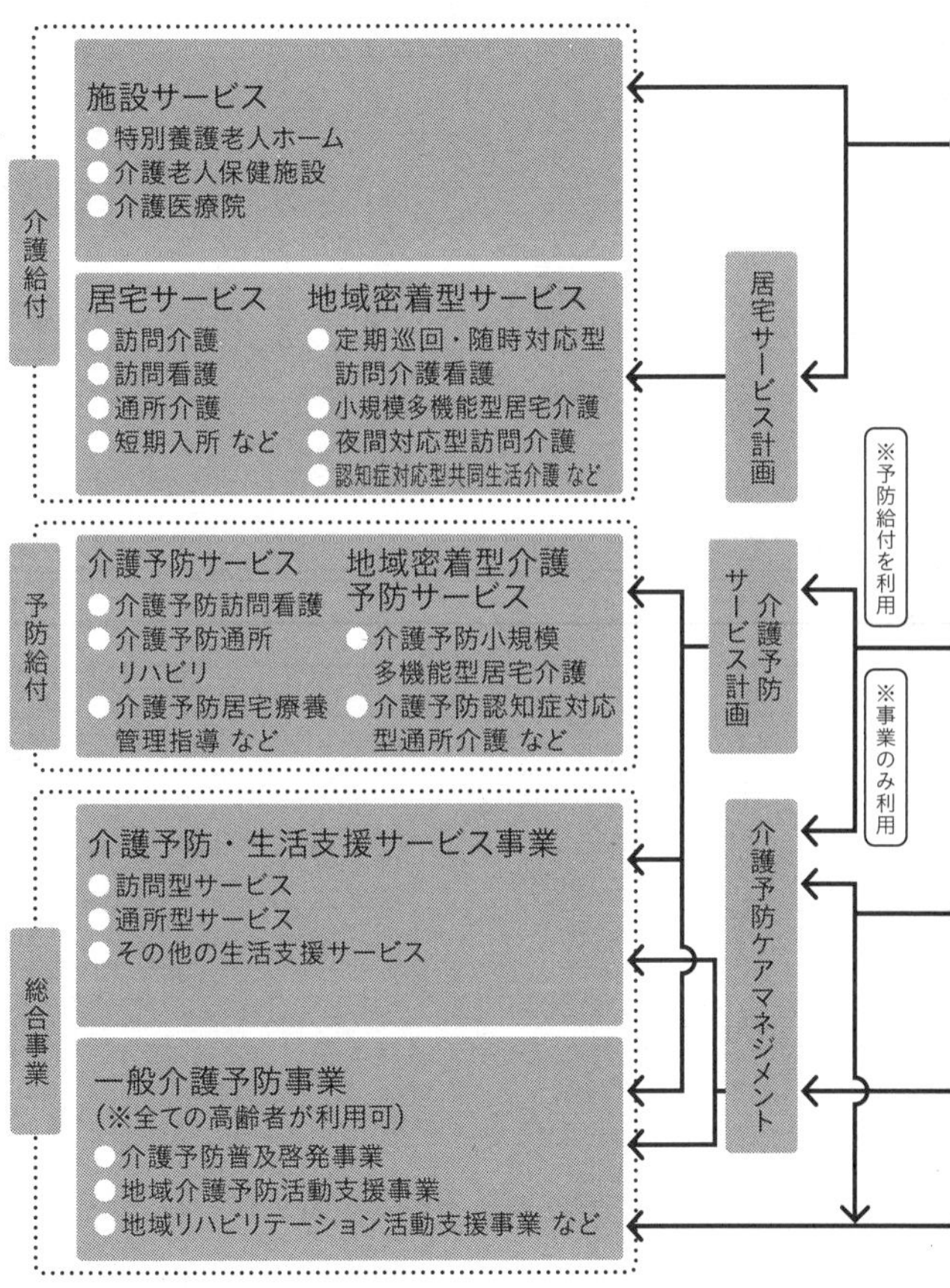
介護給付
施設サービス
特別養護老人ホーム
介護老人保健施設
介護医療院
居宅サービス
訪問介護
訪問看護
通所介護
短期入所 など
地域密着型サービス
定期巡回・随時対応型訪問介護看護
小規模多機能型居宅介護
夜間対応型訪問介護
認知症対応型共同生活介護 など
居宅サービス計画
予防給付
介護予防サービス
介護予防訪問看護
介護予防通所リハビリ
介護予防居宅療養管理指導 など
地域密着型介護予防サービス
介護予防小規模多機能型居宅介護
介護予防認知症対応型通所介護 など
介護予防サービス計画
※予防給付を利用
※事業のみ利用
総合事業
介護予防・生活支援サービス事業
訪問型サービス
通所型サービス
その他の生活支援サービス
一般介護予防事業
(※全ての高齢者が利用可)
介護予防普及啓発事業
地域介護予防活動支援事業
地域リハビリテーション活動支援事業 など
介護予防ケアマネジメント

6 親が「介護サービスなんか使わない」と言う……

自滅する人
利用することをあきらめる

自分の人生を大事にできる人
工夫して利用を促す

親のプライド？　意地？

「初動が大事」と、子供が介護サービスを利用できるようにしようとしても、拒否する親もいます。親のプライドだったり、意地だったりするのかもしれません。「サービスを入れるなら、２階から飛び降りて死ぬ」と言うため、とうとう亡くなるまで利用できなかったという人もいました。

ホームヘルパーに来てもらおうと提案したら拒否。デイサービスに行くのなんてとんでもないと拒否。施設の話なんてしようものなら、烈火のごとく怒り出し……、などの話は枚挙にいとまがありません。

拒否されて利用することをあきらめる子供もいます。けれども、親の生活を家族だけでサポートするつもりでしょうか。仕事や自分の生活はどうするのでしょう。「自滅」を避けるためには、サービスの利用は必須です。

医師から言ってもらえば効果的

一方、親から拒否されつつも工夫して利用につなげた成功例はたくさんあります。

一般的に、親は子供からあれこれ指示されることを好まないようです。「親」として、「子供」よりも強い立場でいたいと考える人もいます。そこで、親の信頼している人から言ってもらうとうまくいくケースがあります。

親は医師の助言には耳を貸す傾向がある

子供

「先生からうちの親に
介護サービスを利用するように
言っていただけませんか」

親の主治医

「分かりました、そうしましょう」

親の主治医

「お子さんも
心配しておられますよ。
そろそろ介護サービスを
利用しましょう」

親

「そうですか。
先生が言うなら仕方ない、
利用しますよ」

地域包括支援センターに親を連れていき、職員から話してもらうのも一案です。親の状況によっては、職員の方から来てくれるでしょう。また、高齢の人は「先生」と呼ばれる人の言葉には従順な傾向があるので、「主治医」から話してもらったところ、「先生が利用しろと言うなら、仕方ない」と納得したという話もよく聞きます。

介護サービスといえば、ホームヘルパーが自宅に来るサービスや日帰りで施設に通って受けるデイサービスが思い浮かびますが、ほかにも色々あります。例えば20万円を上限に住宅を改修できるサービスも（次項）。そこで、「介護保険で家を改修しよう」と言うのも手です。明らかに「お得」なので、頷く可能性は大きいでしょう。福祉用具の購入費の支給サービスを使って、「お風呂の椅子を買おう」でもいいですね。

そして、「介護サービスって、意外に良いものだ」と理解してもらえたら、本来導入したかったホームヘルプサービスやデイサービスを提案します。

7 親の家の浴室やトイレに手すりを備えたい！

自滅する人
即、工務店に依頼

自分の人生を大事にできる人
介護保険での設置を検討

着工後の申請は対象外

親の心身状態が低下してくると、自宅での転倒などによるけがが心配になることがあります。入院中の親が退院する前に手すりの設置や段差撤去を検討することもあるでしょう。

「思い立ったが吉日」と、即、付き合いのある工務店に依頼する人がいます。

手すりがないよりはあるほうがいいに決まっているのだし、「自滅」は言いすぎですね。

しかし、もしかすると介護保険で、お得に工事ができるかもしれません。介護保険では、手すりの取り付けや段差解消などに関する工事を要介護度に関係なく上限20万円まで利用できます。20万円の工事が2万円（1割負担）、所得が多い親でも4～6万円（2～3割負担）でできるのです。

利用する場合、「着工前」の申請が必要です。たとえ、介護保険の認定を受けていても、着工後に申請すると制度の対象外で全額自己負担となります。もし、両親共に介護保険の認定を受けているなら、40万円まで工事することができます。さらに、自治体によっては、介護保険とは別枠で「住宅改修」を助成しているところもあり、合算できるケースもあります。後から知ると、自滅と言わないまでも、「大損＝大失敗」と悔しい思いをすることになりかねません。

介護保険で住宅改修！

9割	1割	自己資金
18万円	2万円	超過分
工事完了後 自治体より支払い	自己負担	自己負担

介護保険 支給限度額20万円（消費税込）

※1割負担の場合

市区町村の助成金を
合算できるケースも

助成金の有無・金額は
自治体によって異なる

車いすやベッドも介護保険でレンタル

介護用ベッドや車いす、歩行器などについても、慌てて購入すると、損することがあります。介護保険では「福祉用具」を借りることができるサービスがあるからです（ただし、要介護度やその人の状態によって対象となるかどうかは違ってきます）。

福祉用具のなかでも、利用者の肌が直接触れてレンタルに馴染まないポータブルトイレや入浴用品、例えばお風呂の椅子などについては「買う」ことができます。限度額は1年間10万円です。

これらは、利用者がいったん全額支払い、その後自治体に申請することで、利用者が負担した費用の9割、または7〜8割分の現金の払い戻しを受けることとなります。指定を受けた事業者から購入した場合のみ対象になるので、住宅改修同様、事前に担当の地域包括支援センターやケアマネジャーに相談することが必須です。

8 親に物忘れが増えてきた場合……

自滅する人
歳だから仕方ないと何もしない

自分の人生を大事にできる人
できるだけ早く、専門医に連れていく

親の「認知症」を直視できる?

親に物忘れが増えてきたり、ちぐはぐな洋服を着ていたり、なかには冷蔵庫に同じものが大量に入っているなど、様子が変だと思うことがあるかもしれません。

そうした状況を目の当たりにし、「認知症かもしれない」と考え、早期に、親を専門医に連れていく人は親の人生、自分の人生を大事にできる人です。一

方で……、

「歳だから、物忘れは仕方ない」

「認知症だとしても、どうせ治らないだろう」と捉え、誰かが「認知症かもしれないから」と、病院に連れていくことを進言してもどこ吹く風と聞き流す人もいます。同居の家族は毎日その様子を見ているためにかえって気づきにくいこともあるようです。

しかし、受診が遅れると、その間にも認知症の症状は進行します。結果として、本人にとっても、介護する家族にとっても負担は大きくなることになります。

症状の陰に別の病が隠れていることも

受診が遅れる理由のなかには、医師に診せたいのだけれど、親に対して「認知症の専門医を受診しよう」と言い出せずにいるケースもみられます。思い切って提案したところ、親から拒否されたという人もいました。

「加齢による物忘れ」と「認知症による物忘れ」の違い（一例）

	加齢によるもの忘れ	認知症によるもの忘れ
体験したこと	一部を忘れる 例）朝ごはんのメニュー	すべてを忘れている 例）朝ごはんを食べたこと自体
物忘れの自覚	ある	ない
探し物に対して	（自分で）努力して見つけようとする	誰かが盗ったなどと、他人のせいにすることがある
日常生活への支障	ない	ある
症状の進行	極めて徐々にしか進行しない	進行する

（出典：政府広報オンライン
http://www.gov-online.go.jp/useful/article/201308/1.html#anc02）

確かに、認知症を専門とする「精神科」や「物忘れ外来」などに行くことに抵抗を感じる親の気持ちも分からなくもありません。けれども、早期に行くことで適切な薬が処方されて、進行が大幅に緩やかになったとか、症状が安定したという声は、かなりの頻度で聞きます。また、診察してもらったところ、実は「うつ」だったり、薬の飲み合わせが悪いための「副作用」だったことが判明した事例もありました。

インターネットには認知症の可能性を探る簡易なテストが紹介されていlます。例えば「認知症簡易セルフチェック」と検索してみましょう（簡易テストだけでは万全ではありませんが参考になります）。親と一緒に行い、点数が低い場合は「念のために診てもらおう」と勧めるのも方法です。

「別の病気かもしれないから」と、まずはかかりつけの医師に相談し、必要に応じて紹介状を書いてもらうという流れなら、親も了承してくれるのではないでしょうか。

介護保険の認定がおりた後、一番にすることは？

自滅する人
行政で何かしてくれるのを待つ

自分の人生を大事にできる人
ケアプランを立ててくれる人を探す

認定結果が出れば、あと一歩

Ｐ１１８～の経過を経て判定された要介護度などの結果は、郵送で親本人に通知されます。

通知が来れば、サービス利用まであと一歩。待っていてもダメです（実際、この段で行政が何かしてくれるだろうと考え、半年が経過したという人がいました）。

自分の人生を大事にできる人は、どのようなサービスをどれくらい利用するか計画する「ケアプラン」作成に向けて、迅速に動きます。「要支援」と結果が出た場合は、親の住所地を管轄する地域包括支援センター（P94〜）で作ってもらいます。「要支援」「要介護」のどちらにも該当しない「非該当＝自立」であっても、介護保険以外で利用可能なサービスについて教えてくれるはずです。

一方、「要介護」の認定であれば、「ケアプラン」を立てる専門家「ケアマネジャー」を探すことになります。彼らは、地域にある「居宅介護支援事業所」に所属しています。認定結果に同封されている一覧表を見ても、どこの事業所がいいか分からない場合が多いでしょう。

まず親の自宅近所の事業所に電話してみるという人が多いです。あるいは、入院していた病院と同系列の事業所があれば、そこも検討。電話応対に好感を持てれば、親の家に来てもらって契約。応対がイマイチなら、他の事業所にも

話しやすく、頼れるケアマネジャーを選ぶ

当たって比較検討します。よく分からない場合は、一度、地域包括支援センターに行って、選び方を相談してみるのも方法です（ケアマネジャーは、利用後に変更もできます）。

親や家族の状況をざっくばらんに話す

今後は、地域包括支援センターの職員、もしくはケアマネジャーと二人三脚で親と向き合うことになります。サービス提供事業者との連絡調整や利用料の管理も彼らの仕事です。彼らに対しては、ざっくばらんに親のこと、また自分たち家族のことを話しましょう。分からないことは質問します。

「仕事があり休暇はとりにくい。仕事と両立しながら介護できるようケアプランを立ててください」

「私たち子供は遠方に暮らしており、なかなか実家に来ることができません」

などの事情を話せば、反映したケアプランを作成してもらえるでしょう。

10 介護保険でどのようなサービスを利用する？

自滅する人
ケアマネジャーに一任したい

自分の人生を大事にできる人
ちょっと自分でも勉強！

悪気はなくてもなおざりな場合がある

前項で地域包括支援センターの職員やケアマネジャーが「ケアプラン」を立ててくれると説明しました。最初は、介護保険のシステムについてもよく分からないので、ざっくばらんに親のこと、また自分たち家族のことを話したうえで、「受け身」の姿勢でいいと思います。

しかし、時間の経過と共に理解が深まってきたら、少し勉強することをお勧めします。介護保険のサービスのメニューは豊富です。地域包括支援センターの職員もケアマネジャーも多くの利用者の対応をしており、忙しい職種です。悪気はなくてもなおざりな仕事になっている可能性はあります。もしかすると、親の「ケアプラン」に入っていないけれども、より使い勝手のいいサービスがあるかもしれません。

介護サービスは奥が深い

大きく分けて、図表のように在宅で受けるサービスと施設で受けるサービスがあり、さらにその中間的なサービスもあります。

一例ですが、短期間宿泊して受けるサービスのなかに「小規模多機能ホーム」というものがあります。介護の講演をする際に、受講者に「聞いたこと、ありますか」とたずねるのですが、めったに「知っている」人に出会うことは

介護保険のいろいろなサービス

在宅

自宅に訪問してもらうサービス
ホームヘルパー、訪問看護、訪問入浴介護など

自宅を安心、安全にするサービス
住宅改修費の支給、福祉用具貸与・購入費支給など

日帰りで通って受けるサービス
デイサービス、デイケアなど

短期間、宿泊して受けるサービス
ショートステイ、小規模多機能ホームなど

施設に入居して受けるサービス
特養、老健、特定施設入居者生活介護、
グループホームなど

施設

ありません。

これは、施設への「通い（デイサービス）」を中心として、短期間の「宿泊」や利用者の自宅への「訪問（ホームヘルプサービス）」を組み合わせて利用できるサービスです。顔見知りのスタッフが対応するので、馴染みやすいといえるでしょう。ケアマネジャーも所属しています。なかには、長期に宿泊し、７章の「施設」のような使い方をしている利用者もいます。

もちろん、小規模多機能ホームにもデメリットはあります。３つの機能を完結するので、他のデイサービスやケアマネジャーを利用することはできません。とはいえ、具合が悪い時に宿泊できるのは大きな魅力です。親の暮らす自宅の傍にあれば、利用の検討をしてみてもいいと思います。

「こういうサービスは使えますか」と問えると、選択肢が広がる可能性があります。筆者が「介護は情報戦」という理由です。情報を集めると介護保険のサービス以外にも利用価値のある民間サービスなどに出合えることもあります。

11 配偶者の親が倒れた場合に、どこまで動く?

自滅する人
自分自身の親と分け隔てなく動く

自分の人生を大事にできる人
配偶者に主体的に動いてもらう

「余計なお世話」となることも

結婚している場合、配偶者の親に介護が必要となると、どの程度、関わらなければならないかと悩むことがあります。特に、夫の親が倒れると、その妻は「自分が主となって介護をするの?」と不安に陥りがちです。

なかには、夫から「頼むよ」と言われて、自分の親と分け隔てることなく介護を行う人もいます。もちろん、「夫の親は、自分の親」という気持ちで、やりたくてやるのであれば問題はないでしょう。

けれども、「やりたいわけじゃないけれど」とか、「なし崩し的」とかであれば、軌道修正をした方がいいと思います。

介護を行う際には、親に対し介護サービスの利用を促すなど込み入ったコミュニケーションを取る必要が生じます。サービスの利用を促すということは、「心身機能が低下していますよ」ということです。息子の妻から言われるのは、抵抗があるという高齢者は少なくありません。さらに、「認知症の専門医を受診しましょう」と言われれば、「大きなお世話」と言いたくなるかもしれません。

特に、別居していて、結婚以来、年に数回しか会ってこなかったような関係では気まずいことが推測できます。義父母の怒りを買えば、結果、自分たち夫婦の関係までこじれることになりかねません。ここは、夫婦でしっかり話し合

いわゆるヨメ・ムコでは立ち入りにくいことも

- ヨメ・ムコ「サービスを利用しましょう」
- ヨメ・ムコ「認知症の専門医を受診しましょう」
- ヨメ・ムコ「介護資金、いくらくらいありますか」

- 親「余計なお世話！」

実子が主体的に動かなければ、
難しいことが多い

いたいものです。

お金の話は、義理の関係ではムリ！

それに、サービスを利用するということは、お金を使うことにもなります。いくらくらいまで使って問題がないかということも、ヨメやムコでは判断しづらいと言えます。さらに、配偶者にきょうだいがいる場合、彼らとの連携や調整も、ヨメやムコでは難しいといえるでしょう。

きょうだいそれぞれが親とは遠方に暮らしているようなケースで、「遠距離介護の交通費はどうしよう」なんて相談に、義理の関係ではなかなか立ち入れません。

ここは、実子の出番です。「サポート」はできても、要所、要所では「義理の関係では難しい」ことを冷静に説明しましょう。P82〜でも述べたように親が倒れてからでなく、倒れる前に話し合っておければよりスムーズです。

4章

親の介護で仕事を辞めないために

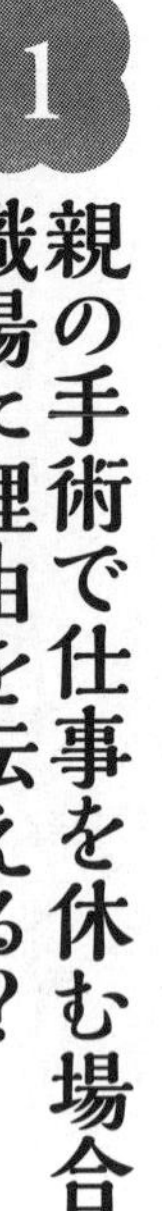

親の手術で仕事を休む場合、職場に理由を伝える？

自滅する人
別の理由と偽って休む

自分の人生を大事にできる人
親の状況を話して休む

偽ると説明がつかなくなる

この質問を見て、自分の人生を大事にできる人は頭に大きな「？」が浮かんでいるかもしれません。親の手術の付き添いで休暇をとるのに、なぜ別の理由と偽る必要があるのか分からないからです。

けれども、意外と「偽る」人はいるのです。職場にプライベートなことを持ち込みたくない、という思いがあるようです。直属の上司や同僚が理解してくれるか不安があるという人もいます。

けれども、高齢の親が手術を受けるということは、その後の生活にも影響が生じる可能性があります。目が覚めて容態が落ち着かなければ、家族は病院に待機しなければいけないでしょう。それに、今の時代、入院できる期間は短くなっており、早々に退院を言い渡されることがあります。退院の日はもちろん、退院して介護の体制を築くまでの期間も、親に付き添う必要が生じる可能性があります。

職場に親が倒れたことを伝えていないと、たびたびの休暇、早退や遅刻について説明がつかなくなります。そして「これ以上、職場に迷惑をかけられない」と辞職に追い込まれることになりかねません。「出産・育児」の場合は、あえて言わなくても分かってもらいやすいですが、「親の介護」は、言わないと、周囲に理解してもらいにくいといえます。

育児と介護の違い

- 出産は、周囲から見えやすい
  介護は、周囲から見えにくい
- 出産、育児は「おめでとう!」と言われる
  介護は、同情されるのでは……?
- 出産、育児は、先行きの目途がつきやすい
  介護は、先行きの目途がつかない

周囲から見えにくいからこそ
自ら話す必要がある

追い込む方にまわっても自滅

職場の誰もが、生まれてきた以上、「親」がいます。同僚、部下の親、上司の親が倒れることも。しかも、それぞれの家族背景は多様です。配偶者がいて、きょうだいも複数という人は「自分が動かなくても誰かが動いてくれる」ケースもありますが、自分しか動く者がいない人もいるのです。

不用意な言葉を発する側にまわっても自滅する可能性があるので注意を。

「ほかに、付き添う家族はいないの？」

「いつまで、かかるの」

「仕事を終えてからにしたら」

配慮のない言い方をして、相手を追い込むと、辞職につながることも。有能な同僚が辞めれば、職場の大損失です。親が倒れた当初はバタバタしますが、一定期間たてば必ず落ち着きます。お互い様の意識を持ち、「隠す」ことよりも、「両立」できる体制づくりをすることに力を注ぎたいものです。

家で介護するのは無理なのに、退院通告！

自滅する人
仕方ないので自宅に連れて帰る
自分の人生を大事にできる人
転院先を探す

無理なのに連れて帰る？

前項で書いたように、入院期間は短いことが一般的です。長期に入院すると、病院が受け取る診療報酬が少なくなる仕組みになっているためです。そこで親が入院したら、スグに「退院」後の生活について考え始めましょう。退院時に、身の回りのことができなければ、介護の必要があるからです。

例えば同居の場合、若い世代は日中仕事で出払うのであれば、それでも問題ないのか。

別居で、高齢の親が2人暮らしの場合は、もう一方の親に世話をできるのか。独居の場合は、世話する人はいないけれども、どうするのか……。じっくり考えずに、言われるままに自宅に戻すことは家族、そして当事者である親も「自滅」に向かう一歩となりかねません。

転院のほか施設の一時利用も

退院後の選択肢は大きく分けて3つあります。

まず1つ目は転院。高齢者に多い脳血管性の病気や大腿骨の骨折などの場合は、リハビリテーションを行う「回復期リハビリテーション病棟」というところに転院できる可能性があります。医師や相談室で確認しましょう。対象外であっても、別の病院で受け入れてくれることもあり、それについても「相談室」で聞いてみるといいでしょう。

在宅が無理なのに「退院」になる場合の選択肢

❶「別の病院」に転院
→病院内の相談室に相談

❷ 一時的に「介護老人保健施設」などに入居
→介護保険で要介護1〜5と
認定を受けることが必要となるので、
親の暮らす地域の
地域包括支援センターに相談
（一時的な利用ができる有料老人ホームもある）

❸ サービスを使用しながら「在宅」
→介護保険のサービスや訪問診療を利用。
親の暮らす地域の
地域包括支援センターに相談

2つ目に、一時的に「施設」に入居するという方法があります。「介護老人保健施設」が代表的な候補です。入院していた高齢者が、治療は終了したけれどもまだ日常生活に戻ることが難しい場合に3か月ほどを目途に入居してリハビリを行います。この施設に入るためには、介護保険の認定を取る必要があります。

その他、有料老人ホームなどでも、一時的な利用を受け入れているところがあります。一時的利用ではなく、親と話し合ったうえで、退院と同時に施設入居（終身目的）を決断するケースもみられます。

3つ目の選択肢は、自宅に連れて帰り、介護サービスを受けつつ療養するという方法です。これに関しても、介護保険のサービスを利用することになるので「申請」が不可欠です。通院が難しいなら介護サービスだけでなく、訪問してくれる医師または看護師を探すことも重要です。分からないことは、病院の相談室や地域包括支援センターで聞きましょう。

3 仕事と介護を両立するための体制とはどんなこと？

自滅する人
仕事に行かない時間に集中して介護

自分の人生を大事にできる人
介護のマネジメント体制を築く

最初がもっとも辛い

親が倒れると、そのことだけでもオロオロするものです。大丈夫だろうかと。仕事と介護を両立している人に聞くと、「最初がもっともしんどかった」と振り返る人が少なくありません。何をどうしたらいいか皆目分からないためです。

自宅に居る時間に集中して介護をしようとしても、うまくはいかず、仕事を

仕事と介護を両立するための体制

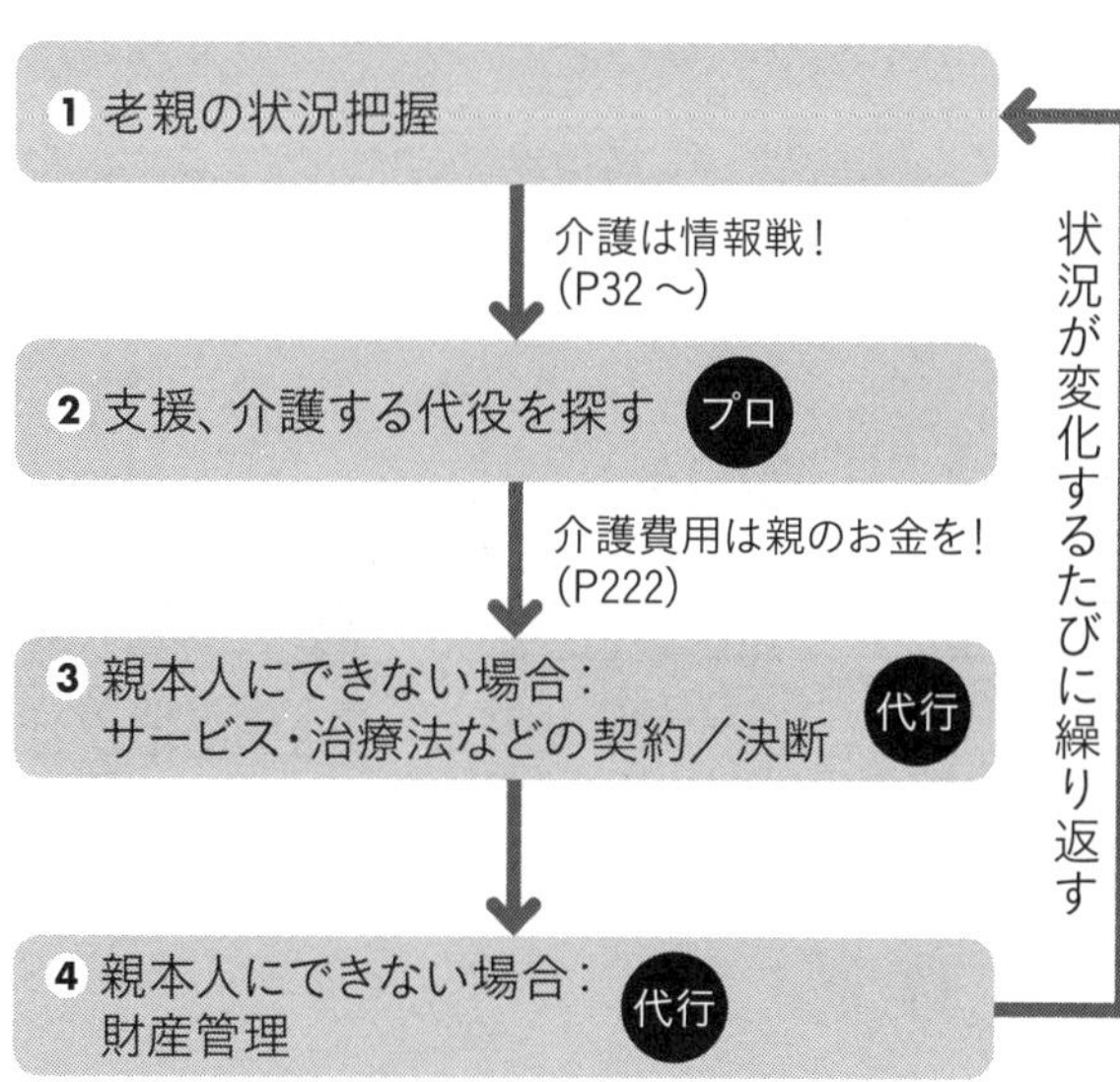

初動をしっかり、マネジメントできる
体制づくりを！

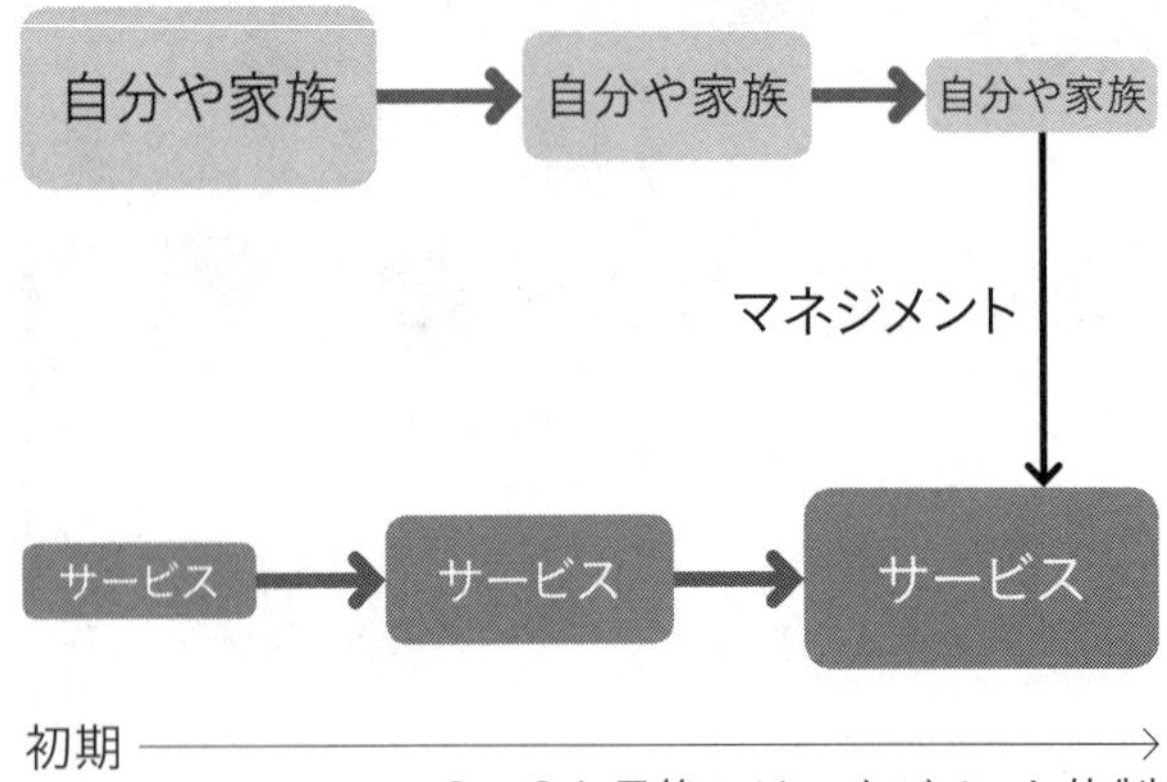

休んだり、遅刻、早退が重なることもあります。

マネジメント体制ができればラクになる

しかし2〜3か月が経つ頃には、自分は1人ではなく、介護の専門職（地域包括支援センターの職員やケアマネジャー）などの「心強い味方」がいることを理解できるようになります。さらに、親と家族をささえる介護サービスが動き始めます。まさに、「仕事と介護を両立するための体制」です。

家族の役割は、全体像を把握して「マネジメント」すること（P196〜参照）。自分のできないことはサービスに託す。介護体制がうまくまわっているか確認し、必要に応じてケアマネジャーなどと相談。親の判断力が低下しているなら、契約や決断、支払いなどを代行。最初は自分や家族の行うことが大きくても、次第にその役割を小さくし、代わりにサービスが担う比重を大きくしていきます。

介護申請や認定調査のために仕事を休む?

自滅する人
申請のために休み、調査日は出勤

自分の人生を大事にできる人
申請日は出勤、調査日に休む

代行申請という方法がある

介護保険制度のサービスを利用するためには、「申請」が必要なことはすでに述べた通りです。「申請」するには面倒な手続きが必要なのでは、と想像するかもしれません。しかも役所に行くためには、仕事を休まなければ、と。親が遠方に暮らしている場合はなお更です。その手間により、1日のばしになっている人もいるでしょう。

本来、介護保険のサービスを利用するためには本人、または家族が申請しなければいけないのですが、「代行申請」という方法があります。地域包括支援センターなどの職員が、本人に代わって申請することができます（無料）。先日も、地域包括支援センターの職員が、「私たちに電話1本かけてきて『親の介護保険の申請をしたい』と相談いただけたら、すぐに親御さんのところに伺って申請をするのですが」と、そのシステムが周知されていないことをもどかしげに話しておられました。

「できます！」と返事する親が多い

申請をすると数日以内に、訪問による認定調査が行われることになります。「申請」の日に仕事を休み、「調査」の日は休まない、という子供が多いのですが、それはお勧めできない方法です。

なぜなら、プライドや意地から、質問されることに対して「できない」こと

認定調査には立ち会った方がよい

調査員　「自分で起き上がることはできますか」

親　「もちろん、できます」

調査員　「歩行に支障はありませんか」

親　「まったく問題ありません」

調査員　「爪切りは自分でできますか」

親　「もちろん、切れます」　など……

親は本来の姿よりも「元気」に装う傾向があるので、
認定調査の日は立ち会うことがおススメ！

も「できます」と答える親はとても多く、現実よりも「元気（介護度が低い）」と判断されてしまうことがあるからです。認定結果に影響することも考えられます。子が仕事を休んで立ち会ったケースでさえ「目を離した隙に、母親は調査員にお茶を出して元気そうに振舞っていました」というため息交じりの声を聞くこともあります。

また、もともと介護保険の申請に前向きではない親が、調査日になると「今日は出掛けることになったので来ないでください」と断りを入れてしまうため、一向に調査ができなかった、という人もいました。子供が待機していれば、親が断りを入れるようなこともないでしょうし、実際以上に元気に振舞っても、実際のところを親に代わって伝えることもできます。家族が話したことも調査票に記載してくれます。

度々仕事を休むことが難しいなら、代行申請をして、認定調査の日に付き添いましょう。

5 担当のケアマネジャーに問題あり、と感じたら？

自滅する人
「仕方ない」と思う

自分の人生を大事にできる人
他のケアマネジャーに変更する

力量不足のケアマネジャーもいる

親が「要介護」と認定された場合、ケアマネジャーにケアプランを作成してもらうことはすでに述べた通りです。ケアプランを作成するだけでなく、サービス事業者との連絡・調整なども行ってくれる頼りになる存在です。二人三脚で進めれば、子供は自分の人生を大事にしつつ親の介護に取り組むことができます。家族に対して、「自分の人生を優先してください」というスタンスのケアマネジャーが少なくありません。

けれども、「なんとも頼りない」ケアマネジャーに遭遇してしまうこともあります。なかには、必要とは思えないサービスを入れたがるケアマネジャーがいます。「仕事と介護の両立」に理解を示さないケアマネジャーも困ったものです。人間同士の関係ですから相性もあるでしょう。

ここで、「お世話になっているのだから仕方ない」と考える子供もいます。親から、「あのケアマネ、嫌いだ」と言われても、「ワガママを言わないで」と。

もちろん、一時的なワガママであれば様子を見ることも必要ですが、ケアマネジャーに問題があるようなら、思い切って別のケアマネジャーに担当してもらうのも方法です。我慢のしすぎは、親にとっても子供にとってもストレスとなります。

ケアマネジャーを変更したいとき

- 事業所に電話をして、「別のケアマネさんに変更してほしい」とお願いする
- 別の事業所を探して、事業所ごと変える。新しい事業所に事情を話して、変更の手続きをしてもらう

「変更」を切り出しにくい場合は、
「（親と）ケアマネさんの相性が悪いので」なら
言いやすい

「相性が悪い」理由なら、角も立たない

現在のケアマネジャーが所属する事業所に電話して、別のケアマネジャーに変更してほしいと伝えてもいいですし、事業所ごと変えてしまうのも方法です。目ぼしい事業所が見つかれば、状況を話すことにより、現在の事業所に連絡して手続きを進めてくれるでしょう。目ぼしい先が見つからない場合は、地域包括支援センターに相談を。中立な立場なので紹介はしてくれませんが、事情を話せばアドバイスはしてくれます。

変更したい理由を言いにくければ、「（親との）相性が悪い」とすれば、角が立つこともありません。よくあることです。

親の介護度が軽度で、地域包括支援センターでケアプランを作成してもらっている場合には、他の地域包括支援センターに変更することはできません。ただし、他の職員に変更してもらうことなら可能かもしれないので相談してみるといいでしょう。

いい人だけど口うるさい親戚の助けを借りるか？

自滅する人
助けを借りない
自分の人生を大事にできる人
助けを借りる

口うるさいオジ・オバはいる

当事者である親はあれこれ子供に注文を付けないけれども、オジ・オバが「うるさい」ことがあります。

「仕事と親とどちらが大切なんだ」
「もっと、親を大事にしなさい」

「入院中は、毎日病院に行かないとダメだ」

自分のできることを精一杯しているのに、こんな言葉をたびたび浴びせられると、腹が立ったり、ココロが折れそうになったりします。けれども、言い返しても、相手をヒートアップさせるだけです。それなら、と……、「もう、付き合わないぞ。もう、助けは借りないぞ」と関係を断ちたくなることもあります。

しかし、親戚からこうしたことを言われるのは、子供が忙しいことの裏返しです。忙しいなら、ガマンも必要です。

「手も出す代わりに口も出す」はよし

親の介護が始まると、さまざまなサービスを利用しても、間に合わないことが起こってきます。

実際、遠方の親の通院同行を親戚に頼んでいる、といった声をしばしば聞きます。田舎だと、交通の便が悪いので、車を出してもらうのだと……。母親が

「手も出す」なら良好な関係を

○ うるさいが、親が世話になっている

- 上手に付き合う
- 世話になる可能性大

うるさいうえに一切手は貸してくれない

- 上手にかわす
- おそらく、世話になる可能性はない

亡くなった後に、「オバに父親の食事を用意してもらっている」と聞くこともあります。海外出張中に親に緊急手術が必要になって、オジ・オバに立ち会ってもらったという子供もいました。

「たら・れば」の話になりますが、仕事を休みにくい人、特に自分の代わりのいない仕事をしている人は、リスク管理として、「うるさいオジ・オバ」とも上手に付き合うことが得策です。にっこり笑みを浮かべて「ほんとに、すみません。助かります。ありがとうございます」と言いましょう。マメにコンタクトをとり、何かのときにお願いしやすい関係性を築きます。

ただし、こうしたことが当てはまるのは、「手も出す代わりに口も出すオジ・オバ」に限ったことです。

「口は出すけれど、手はいっさい出さないオジ・オバ」の場合はスッとかわしましょう。とはいえ、将来的に、世話になる可能性が残るのであれば、決裂は避けたいですね。

7 仕事で出払う時間が長く、介護費用がかさんできた……

自滅する人
仕事を辞めて自分で介護

自分の人生を大事にできる人
サービスは減らさない

ガマンや忍耐はないか?

介護にかかわるさまざまなサービスを利用するほど、お金がかかることになります。

「どんどんお金がかかるから、サービスの利用を控えている」という人がいます。確かにサービスの利用を少なくすれば、出費は少なくて済むでしょう。介護保険のサービスでも、1〜3割は自己負担です。自治体が行うサービスも、たいていは無料ではなくお金がかかります。

それが高じていき、「サービスを使うのはもったいない」という発想になっていく人がいます。しばしば聞くのは、「子供の手が離れたので、パートをしようと思っていたが、それはやめて介護に専念」という選択。親や夫が、娘や妻に強いているケースもあるようです。

お金を生む道を閉ざす代わりに、出ていく金額を減らす……、ある意味、合理的な方法なのかもしれませんが、そこに誰かの「我慢」や「忍耐」という意識が働いているとしたら、大きなストレスを抱えることになります。

「家族の労力＝0円」ではない

働きたいのであれば、働く。親のお金が足りないのであれば、さまざまな軽減制度について調べる（P234〜）。場合によっては、稼ぎの一部をまわし

介護離職により、さまざまな負担が増す

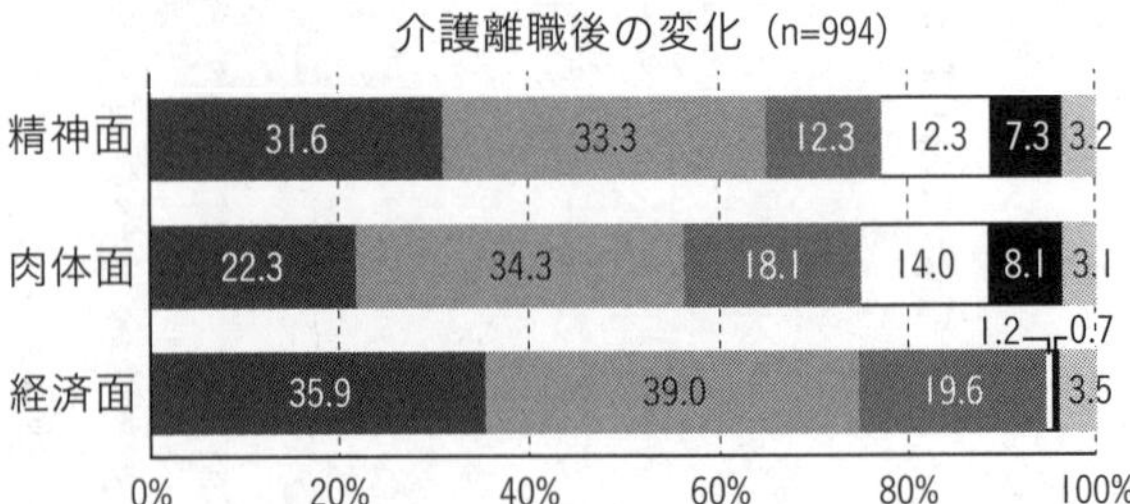

経済面はもちろん、精神面、肉体面も負担は増加

（出典：三菱UFJリサーチ&コンサルティング株式会社「仕事と介護の両立に関する労働者アンケート調査」（平成24年度厚生労働省委託調査））

てでも、サービスを利用するのが建設的な方法ではないでしょうか。

親が「お金がない」と言う際にも、実はしっかり蓄えはあるのだけれど「出したくない」とか、「子供への甘え」から言っている場合もあります。6章で詳しく述べますが、現状、親のお金がどれくらいあるか分からないから、子も不安になり、お金を出すくらいならと、労力を提供するケースもみられます。しかし、当然ながら、家族の労力は0円というわけではありません。その分、外で働けば、お金を生みます。年間収入100万円のパートでも、10年働くと1000万円になります。将来の自分の老後資金となるかもしれません。

自分の人生を大事にできる人は、仕事を辞めて介護に専念することは、できるだけ避けます。

それに、離職して介護に専念すると、逃げ場がなくなり、社会から取り残された感覚に襲われることがあります。結果、経済的な部分だけでなく、精神的にも肉体的にも負担が高くなるという調査結果もあります。

8 ショートステイ（施設に宿泊）はどんな時に利用する？

自滅する人
緊急時のみ利用する
自分の人生を大事にできる人
定期的に利用する

緊急時だけでなく「定期的」な利用も

介護保険のサービスの1つに「ショートステイ（短期入所生活介護／短期入所療養介護）」があります。1泊から1週間ほどの期間、施設で宿泊して介護サービスを受けるものです。介護を行う家族が、冠婚葬祭や出張などで家を空ける際に利用するもの、と理解している人が多いのですが……。どうしようもない時の受け皿と考えるのではなく、「定期的」に利用している人も。例えば、1か月のうち、1週間は「ショートステイ」を利用、というケアプランを立ててもらいます。

同居や近居で介護をするケースで、ウィークデイは仕事、そして帰宅後に介護、週末も介護という生活をしていると、疲労が蓄積します。自分の趣味や友人との会食にも行けなくなります。そんな生活を延々と続けるのでしょうか。それに、緊急時に利用しようと考えていても、ベッドの空きがなくて、思う日に利用できないケースも出てきます。定期的に利用している高齢者で埋まってしまっていることがあるからです。

介護者だって倒れる

しかし、親の多くは、ショートステイの利用を嫌がります。「なぜ、施設になんか泊まらなければならないのだ」と抵抗。家に居たい気持ちも察せられ、

「ショートステイ」の定期的な利用例

毎月第3週目、
親に「ショートステイ」を利用してもらっているケース

1 January

Sunday	Monday	Tuesday	Wednesday	Thursday	Friday	Saturday
		1	2	3	4	5
		在宅介護 →				
6	7	8	9	10	11	12
在宅介護 →						
13	14	15	16	17	18	19
ショートステイ →						
20	21	22	23	24	25	26
在宅介護 →						
27	28	29	30	31		
在宅介護 →						

在宅介護時には、「デイサービス」や
「ホームヘルプサービス」などを利用

子供としても強硬には出にくいものです。

ある女性は在宅で母親の介護をしていました。女性はシングルです。仕事に出掛けている時間以外はほとんど母親の介護。休日も介護。あるとき、そんな彼女がインフルエンザで高熱を出しました。会社は休みましたが、家に居ても母親がいるので休まりません。急にといっても、引き受けてくれる施設はありませんでした。その件以降、月に1週間は母親にショートステイを利用してもらうようにしたといいます。慣れた施設であれば、先方も母親の状況が分かり、緊急時に対応してもらえる可能性が高くなるからです。当初、母親は反発しましたが、母親の主治医から説得してもらい、最終的に頷きました。

両親が2人暮らしで、一方がもう一方の介護をしているケースでも同じことがいえます。緊急時にショートステイを利用できるよう、普段から使っていると安心です。ショートステイは、最長30日の宿泊ができるので、大変なことが生じた際には当面の猶予期間となりえます。

介護休業制度を使って、何を行う？

自滅する人
自分で介護する
自分の人生を大事にできる人
介護体制を築く

介護のために一定期間仕事を休めるという法律があります。国も「介護離職ゼロ」というキャッチフレーズで推進しており、報道される機会が増えています。

「介護休業」は法律に定められている

法律では、介護を必要とする家族1人につき、通算93日まで休むことができ、3回まで分割して利用できます。それとは別に1年に5日（対象家族が2

人以上の場合は10日）まで時間単位で休める「介護休暇」もあります。親の通院に同行する際など役立ちます。残業の制限などについても定められています。

法律で定められていることなので、職場の就業規則に記載されていない場合でも利用できます。日々雇用など一部の労働者を除き、パートを含め、ほとんどの労働者が対象となります。法定以上に介護支援策を手厚くし、なかには休業できる期間を半年とか1年に延ばしている企業もあります。

原則、自分で介護するための休業ではない

ところで、介護休業制度を利用して仕事を休む場合、休んで何をするのでしょう。

「自分で介護をするための期間」と考えていませんか。しかし、通常、親の介護は93日では終了しません。自分で介護をするなら、94日目には、離職しなけ

介護体制構築のための介護休業制度

- 仕事と介護の両立体制を構築するときに利用（介護サービスを導入したり、施設を探したりする）
- 仕事と介護の両立体制を組み直す必要が生じたときに利用
- 緊急対応の介護や看取り介護に利用

原則、自分で介護を行うための期間ではない

ればならなくなってしまいます。

介護休業は、自分で親の介護をするための期間ではなく、介護が必要な家族を抱えながら仕事を続けられるようにする体制づくりをするための期間だと認識しましょう。介護サービスを導入したり、介護施設を探したりする期間に充てる期間と理解してください。まさに、P158～で説明した「仕事と介護を両立するための体制」を整えるために活用することが求められているのです（もちろん、緊急対応的に自分で介護したり、末期がんなどの看取りなどに利用したりすることもできます）。

介護休業中の賃金は無給が一般的ですが、「介護休業給付金」として賃金の67％が給付されます（通算93日が限度）。有給休暇取得との兼ね合いなど不明な点は確認しつつ、相談しながらより良い方法を検討したいものです。言い出しにくいかもしれませんが、法律では、申し出をしたことまたは取得などを理由に、解雇その他不利益な取り扱いをしてはいけないと定められています。

10 親と同居。自分の勤務中に他人が自宅に入るのは嫌？

自滅する人
他人に入ってもらいたくない

自分の人生を大事にできる人
入ってもらうしかない

入ってもらわないとサービスを利用できない

子供が出勤すると、親が自宅に1人になるとしましょう（同居）。訪問系の在宅サービスを利用すると、子供の不在中にサービス提供者が自宅にあがることになります。親が臥せっている時間が長かったり、認知症の症状があると、「他人を家に入れて大丈夫だろうか」と不安になるかもしれません。

滅多に悪いことをするホームヘルパーはいませんが、散らかっている部屋を見られてしまうのではとか、貴重品のこととか気になりますね。ベビーシッターを利用した経験のある人は、比較的、留守中でも他人が家に入ることに寛容ですが、そういう経験がないと高いハードルとなりがちです。

母親と2人暮らしだという男性。彼が出勤すると、母親は1人に。自分でトイレには行けますが、身支度をしたり、鍵をかけて家の出入りをしたりすることは難しい状況です。本当は、デイサービスを利用させたいのですが、そのためにはスタッフに家の中に入ってもらい、母親を連れ出してもらう必要があります。しかし、男性は抵抗があると言います。「私のいない間に、何かあったら困ります」。

結果、母親はずっと1人で過ごしています。デイサービスはもとより、ホームヘルプサービスを利用することもできません。これでは、母親は孤立して、ますます状況が悪くなることが考えられます。男性が母親の介護を一手に引き

家族の不在時に介護スタッフに入室してもらうために

1. スタッフと顔合わせをして信頼関係を築く
2. 鍵の取り扱いについて、
   事業者・ケアマネジャーとしっかり相談
   （親が開閉する。キーボックスを利用するなど）
3. 依頼時に、お願いする仕事の内容と、
   家の中での動線を確認
4. 貴重品を無造作に見えるところに
   置いておかない

介護スタッフは、
動線にない居室に入ることはない

守秘義務も課されている

受けることになり、「自滅」に向かうのではないと気がかりです。

大切なのは信頼関係

一方、こんな女性がいました。「自分のいない間に、ヘルパーが自宅に入ることは嫌だった。特に男性ヘルパーが入ることには抵抗がありました」と。けれども、「嫌だから」とサービスを利用しなければ、仕事を辞めて、全部自分でしなければならなくなります。そこで、一定期間休職して、ヘルパーと顔合わせをし、信頼関係を築いたそうです。その後は、「あのヘルパーさんたちが家に入っていると思うと、抵抗はなくなりました」と女性は話します。

確かに、顔も知らない人が家に入るのは抵抗がありますが、信頼関係を築ければ……。仕事と在宅介護の両立では、乗り越えなければならないハードルです。

5章 遠距離介護で親をささえる方法とは

1 遠方で暮らす親が要介護に。どのくらいの頻度で通う？

自滅する人
何がなんでも月に1〜2回は通う

自分の人生を大事にできる人
状況を見ながら臨機応変に通う

言葉にすると期待を持たせることに

遠方で暮らす親に支援が必要になると、「力の限り頑張るぞ」と自分に気合を入れる人がいます。確かに、ときには気合も必要かもしれませんが、あまりにも「気合だー」と思うと、「自滅」に近づくように思うのです。

よく、「遠距離介護では、月に何回帰省すれば？」と聞かれます。月に1〜

2回の帰省は必須と考えている人が多いようです。けれども、親の状況は変化します。具合の悪いときには、頻度を上げなければならないこともありますが、安定しているときには、間隔をあければいいのではないでしょうか。

しかし気合のせいか、最初に「お母さん、必ず、毎月来るから」などと言葉にしていると、親に大きな期待を持たせてしまうことがあります。

親の期待は、当人と子両者のストレス

ある男性は、父親が亡くなり、母親に対して、「これからは毎月帰る」と言いました。半年もすると、母親はひとり暮らしに慣れ、週に2回のデイサービスに通いながら、それなりに安定した毎日を過ごすようになりました。

一方、男性は、仕事で責任あるポストにつき、とにかく忙しい毎日に。出張も頻繁です。母親が落ち着きを取り戻しているので、隔月帰省にペースを下げようとしたところ、連日、母親から電話がかかってくるようになりました。

遠距離介護の心構え——大風呂敷を広げない

子供「毎月、必ず帰省するから安心して!」

親「毎月、帰ってきてくれるんだ!」(期待)

その後……

毎月
帰る場合

毎月
帰れない
場合

親は、毎月帰省が
当たり前に

親は、不満に
「なぜ、帰ってこないの?」
「いつ、帰ってくるの?」

母親「どうしたの？　今月は、いつ帰ってくるの」
息子「今忙しいから、ちょっと落ち着いたらね」
母親「毎月帰ってくるって言ったじゃない」
息子「申し訳ない」

男性は母親に謝りつつ、「毎月」と言ってしまったことを後悔しています。自分の人生を大事にできる人は、大風呂敷を広げません。風呂敷は少しずつ広げていく……。親としても、期待していないのに子がやってくると喜びもまさるようです。

通いの期間は延々と続くことが一般的です。親にはなるべく何でも自分でやってもらう、過度に子供に依存してもらわないようにする。一見、冷たいように感じますが結果として、自律的な生活につながるのではないでしょうか。親にとって、「子供が来るのを待つ毎日」は、案外酷なことだと思います。

遠距離介護を行う際の子の役割は？

自滅する人
通って身体介護を行うこと

自分の人生を大事にできる人
「司令塔」になること

子供の役割は「司令塔」

遠距離介護をする際の子供の役割はどんなことでしょうか。「通って、身体介護をすること」と考えている人もいますが、それは難しいといえます。通常、入浴は日に1回としても、食事は日に3回、トイレは複数回です。遠距離に暮らしつつ、それをサポートするには、親の家に長期滞在でもしない限り困難です。実際、「単身介護赴任（自分だけ親元で暮らして介護をする）」を行う子供もいますが、通常は、仕事や生活のことを考えると容易ではありません。

遠距離介護では、実際に自分の手で介護するのではなく、図のように「司令塔」になることが重要です。遠距離介護に限らず、同居や近居でも、自分の人生を大切にするためには必要な考え方だと思います。Ｐ１５８〜で説明した「マネジメント」とも連動します。司令塔となって親の介護をマネジメントするのです。こうした体制を築くことができれば、遠距離介護は成り立ちます。これまで、海外に暮らしつつ、日本国内に暮らす親の遠距離介護をしている人にも出会いました。

親の一方が亡くなり、１人になると成り立たなくなるのでは、と思うかもしれませんが、そんなことはありません。多くの子供がこの体制のまま１人暮らしの親を支えています。ケアマネジャーや医師との連絡を増やしつつ、徐々にサービス利用を増やしていきます。在宅での暮らしが難しくなれば、施設介護

子供の役割は「司令塔」になること

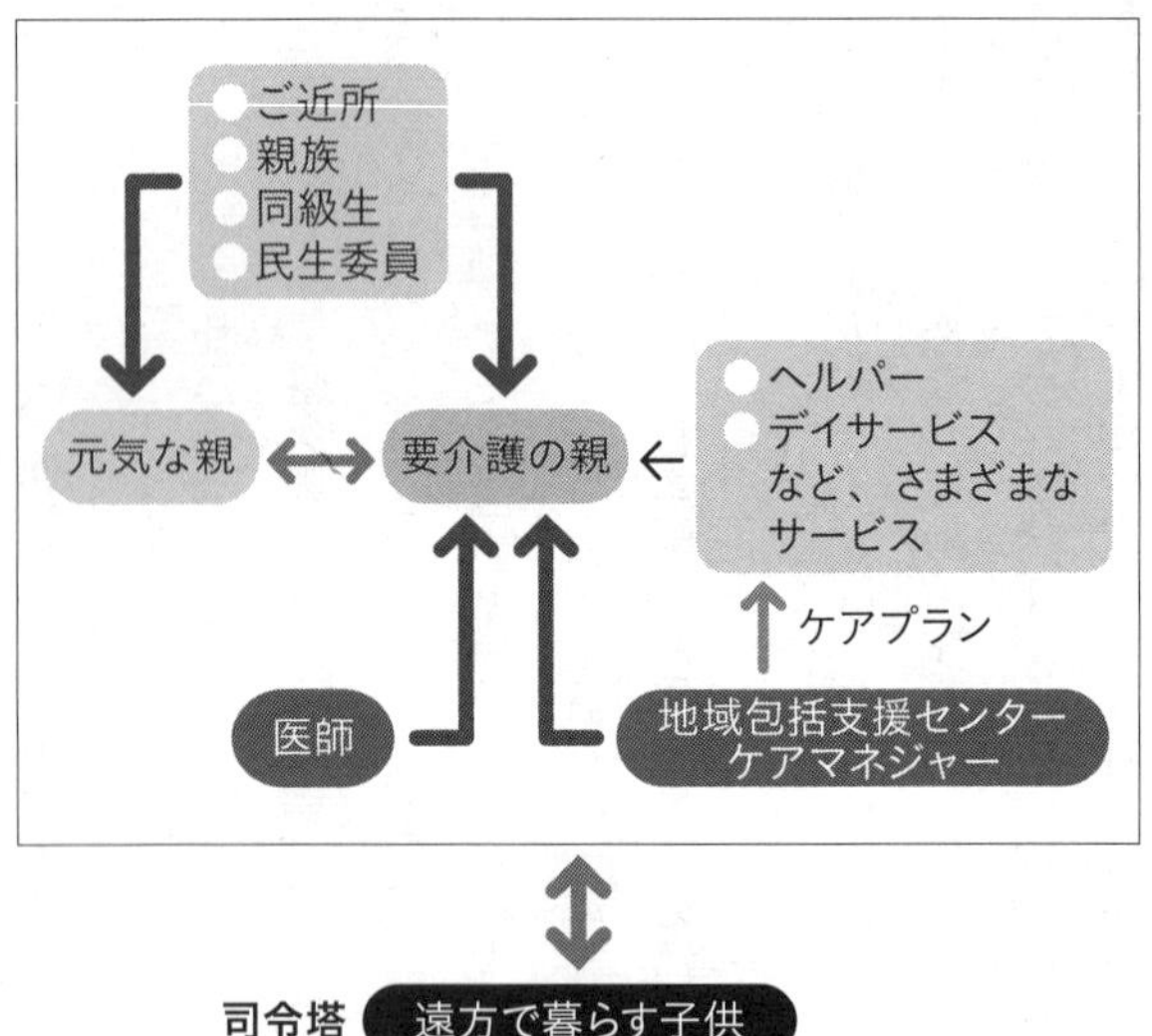

（P252〜）を検討するケースが多くなります。

丸投げと「マネジメント」は異なる

この図をみると、「サービスに丸投げ？」と思うかもしれません。いえ、良くも悪くも、そんなに簡単ではありません。すでに述べた通り、親はサービス利用に前向きではないことが多いです。導入するためには、親子のコミュニケーションが不可欠です。サービスの契約や、治療法の決断なども、ケアマネジャーや医師が代行してくれるわけではなく、「司令塔」の役割となります。

親のご近所の人にも、「司令塔」から「何かあったら連絡してください」と頼んでおかなければ、動いてはもらえません。仕事のプロジェクト同様、「丸投げ」と「マネジメント」には大きな違いがあるといえます。

3 介護が必要になった父親を母親が介護している

自滅する人
母親にまかせておく

自分の人生を大事にできる人
共倒れしないよう母親に配慮

「元気な親」の負担に配慮する

遠方で両親が暮らしている場合、どちらか一方に支援や介護が必要になっても、もう一方の親が元気であれば、子供は「両親揃っているから、まだ何とかなっている」と考えがちです。

けれども、この本をここまで読んで、知らないことがたくさんありませんでしたか。介護の相談窓口のこと、介護保険の申請のこと、ケアマネジャーのことなど……。

子供が知らないことを、親は知っているでしょうか。答えは、否です。なかには、介護サービスを利用しようとしても配偶者が拒否して、自分一人で介護をしている親もいます。「元気」といっても、それなりの年代だと、介護を担うのは大変です。疲れ果てるでしょう。

場合によっては施設を検討

実際、入院していた父親（母親）の退院が決まった際に、「私には、体力的に、配偶者を自宅で看る自信がない」と言う親もいます。とても言い出しにくいことだろうと思います。P20～で表現した「非人間的」に聞こえるから。

もし、親が「在宅で介護する自信がない」と言っても、「お母さん（お父さん）、冷たいよ」などと言わないでください。不用意な発言は、追いつめるこ

両親2人暮らしの場合は両者に配慮する

☑ 介護者の親に負担がかかりすぎていないか？

☑ 要介護の親の状況は？

☑ 介護者の親が困っていることはないか？

☑ 適切なサービスを利用しているか

とになります。

言葉で「無理」と言える親は、まだいいほうです。拒否をしなくても、本当は「在宅介護は無理、もう限界」と言い出すことができず、もんもんとしている親もいるかもしれません。あるいは、「やる気満々」だけれど、身体が悲鳴をあげている親も……。

離れて暮らす子は、具合の悪い親だけでなく、その親を看ることになる親の心身状態に配慮する必要があります。まさに、P158〜で説明した「マネジメント」にあたります。介護の全体像を把握する必要があるのです。無理が生じているようなら、サービスを拡充することや、場合によっては施設介護を検討するなど、今後のことをしっかり考えなければなりません。

自分の人生を大事にできる人は、介護者である親の人生も大事にします。それに、両親が共倒れをしてしまえば、要介護者が2人に。誰が介護をする⁉

別居の親から同居してほしいと頼まれたら？

自滅する人
支障はあっても同居の方向で検討

自分の人生を大事にできる人
原則、同居はしない

環境の変化を伴う判断は慎重に

支援や介護が必要となった親から、「一緒に暮らしてほしい」と頼まれることがあるかもしれません。気持ちはあっても、大方の人は親と同居するにはいくつかのハードルがあります。

心身の弱っている親から頼まれた場合、そのハードルを何とか乗り越えて同居しなければと検討を始める人と、最初から「無理なものは無理」と断る人に二極化されます。後者がベターな選択、と言い切ることはできないものの、大きな環境の変化が伴う前者を選ぶ人は、より慎重な判断が求められます。ハードルとなっている課題を直視し、解決してから挑まなければ、「自滅」することがあるからです。

一方、子供が親に「同居」を進言しても断られることがあります。親には親の都合や考えがあることを理解したいものです。

不安が残る場合は「お試し期間」を設定

ずっと別居していた親子が同居するというのは、それほどたやすいことではありません。まず、考えなければいけないのは、自分たちが親の家に住み替えるのか、その逆か。あるいは双方が、新たな住まいに移るのか。いずれにしろ、親、自分、自分の家族、自分のきょうだいの同意を得ることができるの

同居にはさまざまなハードルがある

❶ どこで同居？

□子が親の家へ住み替え
□親が子の家へ住み替え
□両者が新たな家へ住み替え

❷ それぞれの生活に支障はないか

□仕事に通えるか
□新たなコミュニティに馴染めるか
（友人や方言、食事の味付けなど）
□住み慣れた家を離れることに精神的な負担はないか

❸ 家族、親族に反対意見の者はいないか

□親
□自分の家族
□きょうだい

か。多くの場合、どこかから、否定的な意見が出るものです。

住み替えることにした場合に、その地域で新たなコミュニティを築き、新たな暮らしを始めることができるのか。特に、高齢になってからの転居は、心身のストレスになることが多く、方言に馴染めないこともあります。また、一緒に暮らしても、子は、仕事に出掛けると、日中は親だけが家に残ることになりますが、それでもいいのか。逆に子が親の家へ移る場合には、仕事の継続が可能かどうかも見極める必要があります。

「何とかなる」と軽く考えないほうがいいと思います。実際、転居してきた親が地域に馴染めずに、結局帰ってしまったケースや、認知症が悪化してしまったケースをたくさん見てきました。また、同居によって、いわゆる「嫁姑問題」が発生した家庭もありました。

不安が残る場合は、「お試し期間」を設けたり、「近居」も選択肢に入れたり、慎重に対応することが望まれます。

「ちょっと、休ませて」と言える？

自滅する人
言えない

自分の人生を大事にできる人
言える

ココロの疲れを甘くみない

親の心身状況が不安定な場合、度々、親のところへ行く必要が生じることがあります。なにがしかの交通機関を利用して移動することになりますが、結構疲れます。仕事が忙しいとき、体調が悪いとき、「休みたい」と思うこともあるでしょう。

そんなとき、「ちょっと、休ませて」と言えるでしょうか。性格によるのかもしれませんが、言える人と言えない人に2分されます。

自分の人生を大事にできる人は、ほとほと疲れてくると「休ませて」と言います。

こんな人がいました。遠方の実家に遠距離介護をしている女性です。月に2回、仕事が休みの週末に帰省をしていましたが、体調を崩しました。病院に行きましたが、特に病名はつかず、過労とのこと。しかし、一人っ子なので、自分の代わりに親元に行ってくれる人はいません。次第に、実家に行こうとしても、気持ちが実家に向かわなくなったそうです。女性は、心療内科にかかり、「軽いうつ」と診断されました。ようやく観念して、実家の両親には「しばらく、休ませて」と電話で伝え、同時に父親の担当ケアマネジャーにも電話をして、「体調が悪く、当面行けないので、何かあったらよろしくお願いします」と言いました。ケアマネジャーから「おまかせください。今は、自分の体調を戻すことに専念してください」と言ってもらうことができ、肩の荷が下りたと

倒れる前に、「ちょっと、休ませて」と言う

いいます。

倒れてからではなく、倒れる前に

遠距離介護に限ったことではありませんが、「自分しかいない」という心理が働くことで緊張感や責任感に縛られ、ココロを患っている子供は少なくありません。「うつ」の薬を服用しながら、通い続けている人は結構多いのです。

確かに、容易には休めない状況があるのかもしれませんが、それでも、自分までもが倒れたら、親のところに行けなくなるばかりか、誰かに看病してもらわなければならなくなります。

倒れてからではなく、倒れる前に、「ちょっと、休ませて」と言いませんか。親のことを放置するのではなく、親の担当のケアマネジャーなど介護の専門職に助けてもらえばいいのだと思います。率直に事情を話せば、手を差し伸べてくれるはずです。

遠距離介護の際の交通機関は、「安い」を最優先？

自滅する人
常に「最安」で帰省

自分の人生を大事にできる人
状況に合わせて選択

「安いが、疲れる」は要注意

遠方で暮らす親の介護をする際、課題のひとつとなるのが親元に通うための交通費です。

その際に、何を重視して交通手段を選びますか。通い始めの頃は「安いに限る」と、高速バスなどを利用するケースも多いです。もちろん、高速バスで熟睡できる人にとっては最良の方法だといえるでしょう。安いうえに、寝ている間に着くのですから、時間の有効活用にもなります。ホテル代が浮くケースもあるでしょう。しかし、「眠れず、疲れる」という人は、身体の調子が良いときはともかく、他の手段を検討したいものです。遠距離介護も、5年10年……、と続くと、子供の体力も低下してきます。場合によっては、通いの回数を間引いてでも、快適性を重視したほうがいいケースもあるでしょう。

ときにはグリーンやタクシー利用も

実際、自分の人生を大事にできる人は、その時々で優先することを変えています。

新幹線で遠距離介護をしているある男性は、仕事が忙しく疲れがたまってくると奮発してグリーン車を予約するそうです。飛行機で帰省するという女性は、「早期割引」は安いけれども、「日程変更ができないのは大きなストレス」

通いの交通機関はバランスを大切に選択

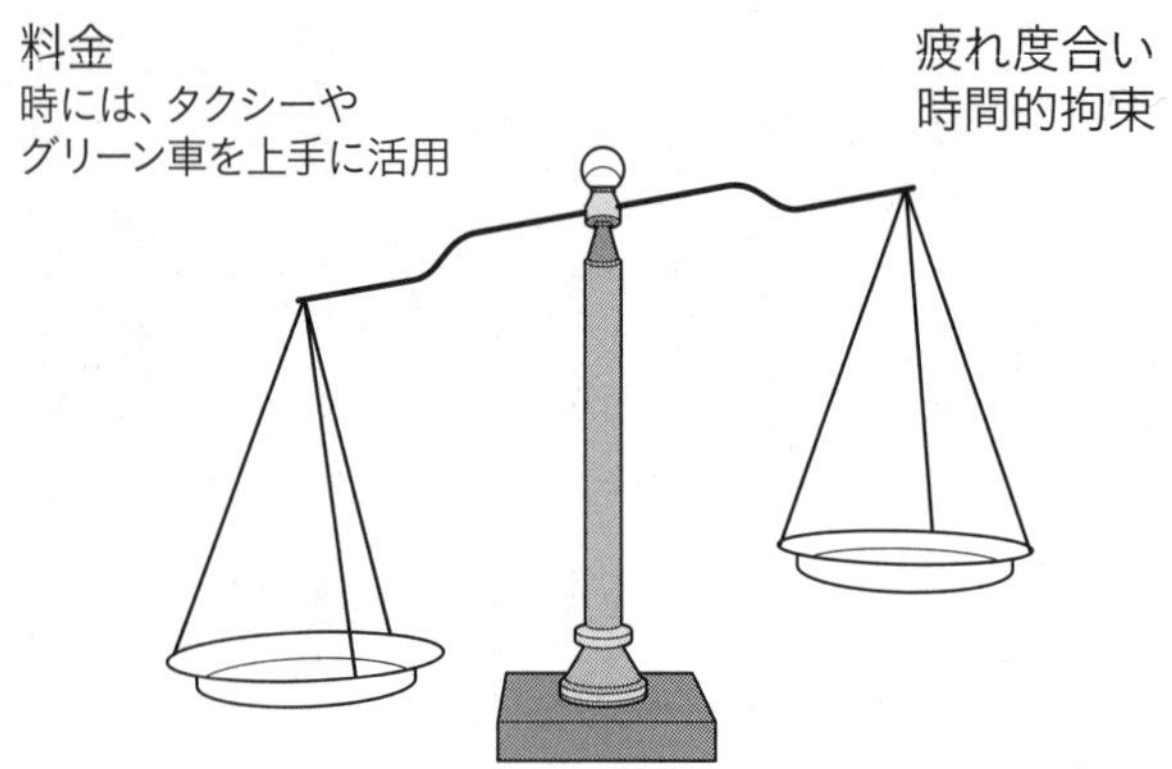

と、料金は高くなっても「介護割引」を使うといいます。

「介護割引」は、ほとんどの航空会社が国内線で実施している割引運賃です。親が介護保険で「要支援・要介護」と認定されている場合に、事前に申請することで利用できます。また、別の新幹線利用の女性は、降りてからはバス便ですが、疲れているときにはタクシーを利用するといいます。

交通機関各社のウェブサイトを見て、お得な運賃を探したり、ホテルと飛行機や新幹線がセットになった割安な「ビジネスパック」をチェックしたりして、時々で料金や快適性を天秤にかけて選ぶという人もいます。

一方、これらの交通費ですが、「親に出してもらう」人が少なくありません。約半数が「親が負担」という調査結果もあります。遠距離介護の交通費は、6章P222〜で述べる「介護費用」の一部という考え方です。「来てもらうえに費用を負担させるのは申し訳ない。自分で出すほうが気持ち的にラク」と話す親もいます。

遠距離介護のメリットは？

自滅する人
「デメリットばかり」とため息

自分の人生を大事にできる人
「気持ちを切り替えられる」とにっこり

過酷な遠距離介護？

親の家と自分の家を行ったり来たりする遠距離介護を「過酷」と表現する雑誌やネット記事を見かけることがあります。

確かに、「疲れるし、交通費はかかるし」とため息をつきながらデメリットだけを並べ立てる人もいます。けれども、自分の人生を大事にできる人は、デメリットを数えるのではなく、メリットを数えます。

その1つは、気持ちを切り替えやすいという点。ときどきしか会えないので、親も子も、できるだけ「けんか」は避けたいと考えます。たとえ何らかの気持ちのすれ違いが生じても、顔を合わせない時間を経てリセット。次に会うときには、ひそかに互いに反省しているので、優しくなれるのでしょう。夫婦のうちのどちらかが単身赴任した際に、「ときどき会うから新鮮で、ありがたみも分かる」と聞くことがありますが、ちょっと似ています。

しかも、転居を伴わないので、親も子も、これまで通りの生活を続けやすいといえます。親は方言に悩むことはありませんし、子はP56～で述べた「海外旅行」なども、目の前に親がいないからか、出掛ける決心がしやすいケースが多いように思います。

帰省する際には、地元の友人（幼馴染など）との飲み会に参加するなど「旧交を深められる」点をメリットにあげる人もいます。

遠距離介護のメリット

- 気持ちを切り替えやすく、互いに優しくできる
- 親も子も、これまで通りのコミュニティのなかで生活できる
- 介護保険の「生活援助」サービスを利用できる
- 自治体の「高齢者世帯向け」サービスを利用できる
- 特別養護老人ホームの入居優先順位が高くなる

高齢者世帯向けサービスを利用できる

介護保険などのサービスを利用するうえでも、遠距離介護だからこそのメリットはあります。例えばホームヘルプサービスのうちの掃除、洗濯、調理などの「生活援助」は、子供が一緒に暮らしていると利用できないケースが多いのですが、高齢者だけで暮らしていると利用できることが一般的です。

また、特別養護老人ホームへの入居を選択肢として検討する場合、「介護者が他府県にいる」と、入居の優先順位が高くなる傾向があります。待機者がいる場合、申し込み順ではなく、必要度合いが高い人から入居の決定がなされるためです。

各自治体の独自サービスを見ても、利用条件に「高齢者世帯」と記されたものが少なくありません。もちろん、遠距離介護にデメリットがないわけではありませんが、同じやるならメリットを見据えながら行いたいですね。

6章 介護に掛かるお金のトラブルを防ぐ

親の介護に掛かる費用は誰が負担する？

自滅する人
子供が負担

自分の人生を大事にできる人
原則、親が負担

通常、子に介護費用捻出のゆとりはない

親に介護が発生すると、どんどんお金がかかりそう……、と恐れている子供は多いものです。特に介護未経験の人は、介護という行為自体がどういうことか想像しにくく不安が増大しているケースが珍しくありません。そして、いったいいくら掛かるのだろう、と途方に暮れます。

以前、会社員の30代男性と介護のお金について話したときの会話です。

男性「ボクは、将来、4人の親の介護のお金を負担しなければなりません（ため息）」

筆者「どうしてですか？」

男性「ボクも妻も一人っ子なんです。それに、妻は専業主婦ですから」

筆者「すごいですね！　御社は4人の介護費用を負担できるほど、お給料がいいんですか！」

男性「あっっっ、いえ、とんでもない……」

男性は具体的に考えることで、ようやく自分の考えが無謀だと悟ったようです。まさに自滅への道……。この男性に限らず、通常、所得の多い世帯は多いなりに、少ない世帯は少ないなりにその額で生活はまわっており、親の介護費用を捻出するのは容易なことではありません。

親の介護にかかる費用には親のお金を充てる

［介護の目的］

親の自立した生活を応援すること

（あくまで「親」のためであり、「子」のためではない）

原則、親のお金を充てる

子供は罪悪感を抱く必要はない

目的を考えれば親のお金を充てるのが筋

介護という行為は、親が受け身となり、子が働き掛ける側になるため「子が負担」という発想になりやすいのだと思います。

けれども、「介護」の目的は、子のためではなく、親の自立した生活を応援することにあります。そこにかかる費用に、親本人のお金を充てるのは当たり前、と考えていいのではないでしょうか。

講演で、この話をすると、必ずといっていいほど、「安心しました」というアンケート記述が戻ってきます。「親の介護費用に親のお金を使っていて、ずっと罪悪感を持っていました。間違いじゃなかったのですね。気持ちが楽になりました」という感想も1人や2人ではありません。親のことに親本人のお金を使って、罪悪感を抱く必要はありませんよね。

と、いうことで、P82～でも説明したように、親のお金を介護資金にするとなれば、親の懐事情の確認が必要です。

親の介護にいくら掛かる？

自滅する人
「ウン百万円？　まさか、一千万円以上!?」と焦る

自分の人生を大事にできる人
「どんな介護を行うかで違う」と答える

いくら掛かるかではなく、「いくら掛けるか」

「いったい介護には、いくら掛かるのですか」と、これまで何度も質問を受けてきました。多くの人が金銭的な不安を感じています。

不安の理由は、今後、親がどういう状態になり、経過を辿って、どのような介護を必要とするか予測できないからでしょう。

しかし、すでに述べてきたようにさまざまなサービスを利用しながら、どういう介護をするかは、要介護者と、その家族が選択していくことになります。入院した際の差額ベッド料も、6人部屋か個室を選ぶかで、1日当たり0円から数万円までの差が生じます（P106）。

介護保険を利用した住宅改修はお得だと説明しましたが、それでも限度額いっぱい使えば2万円は掛かります（P128～）。工事をしなければ0円です。遠距離介護で親元に定期的に通うにはそれなりの交通費が掛かります。高速バスを利用すれば1万円かもしれませんが、飛行機を使えば3万円になるかもしれません（P212～）。

つまり、パッケージをあてがわれるのではなく、どうしたいかと検討しつつ、自分たちで選んでいくものです。選ぶのですから、「いくら掛かるか」という受け身ではなく、「いくら掛けるか」。もしくは、「いくら掛けられるか」。

支出のバランスをとり「介護費用」をプランする

消費支出の構成比（二人以上の世帯平均に対する倍率）
（平成27年：二人以上の世帯）

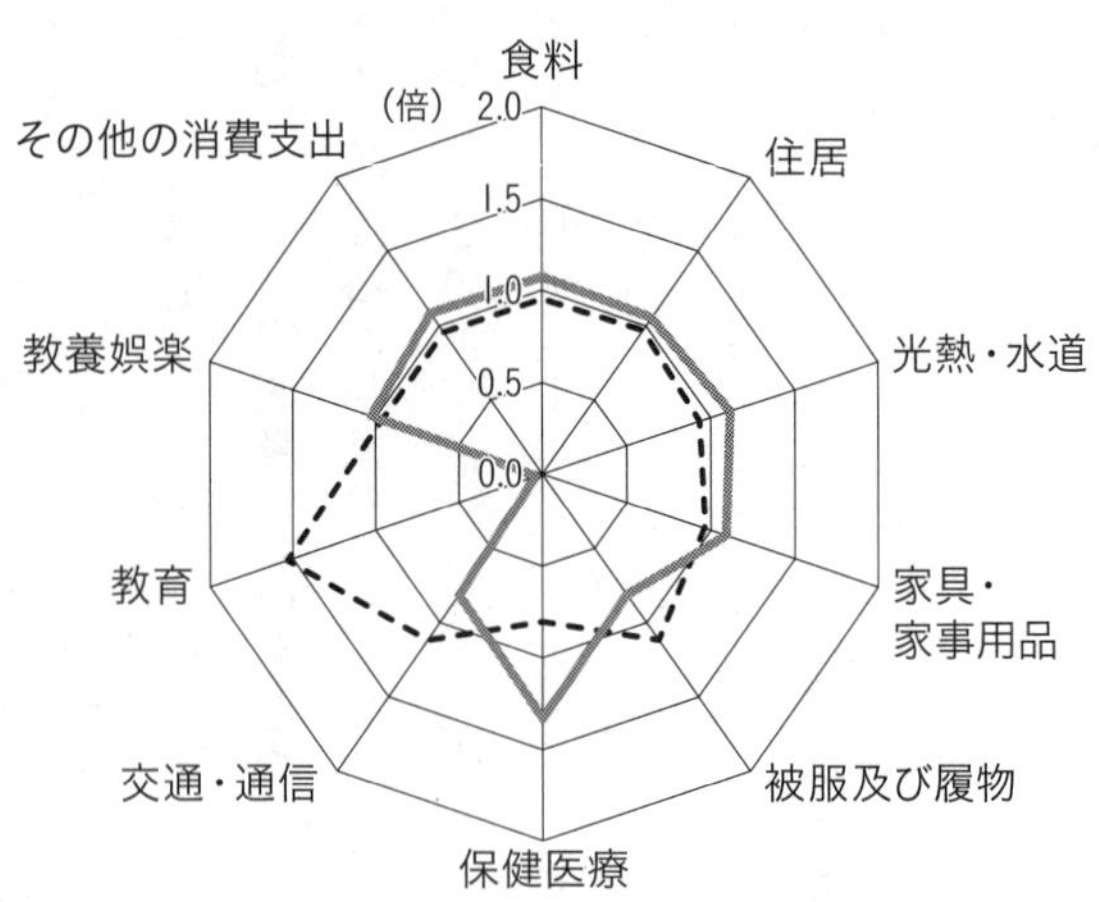

- - - 世帯主が65歳未満の勤労者世帯
━ 高齢無職世帯

(出典：総務省統計局「統計トピックス」No.97 統計からみた我が国の高齢者(65歳以上)
https://www.stat.go.jp/data/topics/topi970.html)

預貯金を取り崩すなら100歳を想定

そもそも、「介護に500万円かかります」と言われて、高齢の親が、今から貯蓄するわけにはいかないでしょう。間に合いません。親世代の主な収入源は公的年金です。その中から介護にいくら掛けられるかを検討し、その範囲でできる介護を行うしかありません。元気なときは「娯楽」「交際費」の費用が多ければ、それを減らして介護費に。使える収入の中で、バランスをとる。

預貯金を取り崩す場合は、100歳まで生きると想定しましょう（105歳くらいの想定のほうが安心かもしれません）。そして、ケアプランを立ててもらう際には、「月額〇〇円の範囲でお願いします」という必要があります。

それでは不十分だと思うなら、子供が援助するしかありません。ただし、親が100歳になったら自分は何歳になるかを考え、自身の老後資金の算段をした上で援助しないと、自滅しかねません。

3 親が入院、どのお金を使う？

自滅する人
延々、立て替える

自分の人生を大事にできる人
代理で引き出す

通帳と印鑑があっても引き出せない

高齢になると、急に体調を崩したりケガをしたりして入院する機会が増えます。入院すると、最初に「入院保証金」を支払わなければならないことが一般的です。退院時に精算されますが、5万円〜10万円くらいが相場だと心づもりしましょう。なかには、クレジットカードでの支払いができず現金のみという病院もあります。

親と意思疎通できる状態であれば、「お金、どうしよう」と本人と相談できますが、重篤で病院に運び込まれると確認することはできません。入院費以外にも色々必要なので仕方なく、子供は親の家の「家探し」をして、見つけた通帳と印鑑を持って、銀行に行くのですが……。

子供「親が入院したので、代わりに来ました」
銀行員「親御様の委任状はお持ちですか」
子供「いえ、急に入院したもので」
銀行員「申し訳ございませんが、ご本人様しかおろすことはできません」

「代理人キャッシュカード」は強い味方

親の預金は、親本人のもの。容易に、子供が引き出すことはできないのです（近年こうした問題が多発しており、全国銀行協会では医療費の支払いなどは

子供が親の口座からお金を代わりに引き出すには

❶ 親に委任状を書いてもらう

❷ 事前に金融機関のキャッシュカードの暗証番号を教えておいてもらう

❸ 代理人キャッシュカードを作成しておいてもらう

ただし、親のお金は親のもの
親の同意なしに、
子が親のお金を出すことは法律的に✕
（夫婦でも✕）
大切なのは、普段からの家族のコミュニケーション

「親族でも出金可」との見解を出していますが、限定的です）。実際、意思疎通できない状態で親が病院に運ばれ、そこから数か月のちに亡くなったという男性が言っていました。

「入院費用から葬儀に至るまで、親本人のお金を引き出せずに困りました」

こういう事態を想定して、自分の人生を大事にできる人は、親が元気なうちに、「いざというときは、どのお金を使えばいい？」と確認しています。

新しい口座を開設し100万円のみ入金してもらい、代理人キャッシュカード（2枚目のキャッシュカード）を親に作成してもらったという人もいました。「親子で話し合い、親のプライバシーも大切にしつつ、子でも100万円はおろせるので、安心感が高まりました」

親子間だけでなく、夫婦間でも、簡単にお金はおろせません。事前の家族間での話し合いが大切です。

医療費や介護費がふくれあがってきたら?

自滅する人
途方に暮れる

自分の人生を大事にできる人
軽減制度について調べる

抜かりなくお金を取り戻す

親の介護の必要度が高まるにつれ、介護にかかる費用はふくらむことが一般的です。介護の費用だけでなく、複数の病院に通うことも多く、医療費も結構かかることに。

とはいっても、介護サービスを控えればP124~でも説明したように、家族で行わなければならないことが増えます。病院については、行くのを控える

介護保険での要介護度別支給限度額

要介護度	支給限度額	自己負担額（1割の場合）
要支援1 ▶	50,320円	5,032円
要支援2 ▶	105,310円	10,531円
要介護1 ▶	167,650円	16,765円
要介護2 ▶	197,050円	19,705円
要介護3 ▶	270,480円	27,048円
要介護4 ▶	309,380円	30,938円
要介護5 ▶	362,170円	36,217円

※1単位を10円として計算

居宅サービスを利用する場合は、利用できるサービスの量（支給限度額）が要介護度別に定められています。限度額を超えてサービスを利用した場合は、超えた分が全額自己負担となります。（詳しくは厚生労働省「介護事業所・生活関連情報検索」）

知っておきたい「軽減制度」

- **高額療養費制度**
  その月の医療費が高額になった場合に一定の自己負担額を超えた部分が払い戻される制度
- **高額介護サービス費の支給**
  その月の介護保険を利用して支払った費用が高額になった場合に一定の自己負担額を超えた部分が払い戻される制度
- **高額医療・高額介護合算療養費制度**
  1年間の医療費と介護保険を合算して、自己負担額を超えた部分が払い戻される制度
- **介護保険施設入所、ショートステイ利用者の「居住費と食費の減額制度」**
  要件を満たす利用者の居住費と食費を減額する制度

わけにはいかないでしょう。結果、打つ手はなく、途方に暮れるという人は少なくありません。

途方に暮れていないで軽減制度について調べましょう。70歳以上の親であれば、病院で保険証と高齢受給者証を提示すると窓口で支払う金額は定められた「自己負担限度額」までとなります。

複数の病院に通ったり入院したりして限度額を超えたケースは、後から払い戻しを受けることができます。

また、医療費と同じように、介護保険で支払う介護費用にも、所得などにより「自己負担限度額」があり、さらに医療費と介護費を合算しての限度額も定められています。両親が揃っていて同じ医療機関に加入している場合は、両者の支出を合算することもできます。

抜かりなく詳細を調べ、役所の窓口に申請したいものです。

5 立派な家はあるがお金のない親、どうする？

自滅する人
仕方ないとあきらめる

自分の人生を大事にできる人
自宅を現金化する方法を模索

ダメ元で調べる

交通の便のよい立派な自宅に暮らしている親。しかし、年金はわずかで、蓄えもあまりないということもあるでしょう。そんな親の介護資金の捻出方法はないものでしょうか。

親の自宅を活かす方法は……？

どうせうまくいかないだろうと動かなければ、決してお金は生まれません。ダメ元で、色々検討し実行したことで、最終的に費用の捻出に成功した人もいます。確かに、立地条件がいいとか、さまざまな「運」に恵まれた結果ではありますが、調べても、損はないのではないでしょうか。

親の自宅を活用してお金を生み出す方法

自宅を活用してお金を生み出す方法に「リバースモーゲージ」があります。自宅を担保にして銀行や公的機関からお金を借り入れ、死亡した時点で自宅を売却して一括返済する仕組みです。メリットは、親が住み慣れた家に暮らしながらお金を借り入れることができること。デメリットは、想定以上に長生きした場合に、融資額が融資限度額に達してしまう可能性があること。都市銀行や地方銀行などで実施しています。当然ながら、銀行ごとに内容は異なるので詳細をしっかり確認することが必要です。

親の自宅を現金化する方法

❶ 担保にして生活資金を借り入れ、
死亡時に売却返済
- リバースモーゲージ（銀行）
- 不動産担保型生活資金（社会福祉協議会）

❷ 貸し出して家賃を得る
- マイホーム借上げ制度
（一般社団法人移住・住みかえ支援機構（JTI））

❸ 売却する

低所得の方向けに、国も似た制度を運営しています。「不動産担保型生活資金」という制度です。全国にある社会福祉協議会が窓口となっています。

一方、施設への入居、または子の家の近くに転居するなどの理由で、実家を離れることが前提であるなら「マイホーム借上げ制度」も選択肢となります。

シニア世代の自宅を借り上げて転貸し、安定した賃料収入を保証するシステムです。当然、自分で管理するよりは手取りは低いですが、1人目の入居者が決定以降、空室が発生しても規定の空室時保証賃料が支払われるので、「借り手がなくなったら、家賃が入らず施設の利用料を払えない」という不安を解決する手段となります。

実家を離れる前提なら、当然、売却も一案です。いずれにしろ、親の世代は、「家」へのこだわりが強く、売却にしろ、貸すにしろ、心情的に納得しないこともあるでしょう。親ともしっかり対話し、さらにもめごとを避けるためには、将来、相続人となるきょうだいらとの意見調整も必要です。

6 介護のお金のことできょうだいの意思疎通が難しい

売り言葉に買い言葉……

親の判断力が低下すると、医療や介護の費用、さらには生活費についても、親に代わって子が支払いを行うケースが増えてきます。

親の財布からお金を出したり、通帳からお金をおろしたり……。一人っ子の場合は問題が生じにくいのですが、きょうだいがいると、トラブルになることがあります。例えば、長男が親のお金の管理をしている場合……。

弟「兄貴は、いつもお袋のお金を出し入れしているのか」

兄「そうだよ。お袋自身でするのが難しくなってきたから、僕が代わってお金を管理している」

弟「とかいって、自分の買い物した分も、くすねているんじゃないか」

兄「何を言うんだ」

兄とすれば良かれと思って行っていることに対し、弟から疑念の目を向けられるとたまったものではありません。ヒートアップして、つい売り言葉に買い言葉で決裂、没交渉に至ってしまったきょうだいもいました。いつか、相続の際のもめごとにつながることもあります。何より、親にとって自分の介護のことで子供たちが争うのは、耐え難いことです。

「介護家計簿」でトラブルを防ぐ

日 付	項 目	金 額
2021/5/13	スーパーで食材、弁当	918 円
2021/5/17	○○医院で支払い	980 円
2021/5/26	薬局で腰痛薬	1,200 円
⋮	⋮	⋮
⋮	⋮	⋮

レシート・領収書添付欄

●●●スーパー
本店

東京都豊島区○○1-1-1
TEL 03-0000-0000

担当:○○
2021年5月13日(木) 11:30

にんじん	¥120
豆腐	¥140
弁当	¥590
外税	¥68
合計	¥918
お預かり	¥1,000
お釣り	¥82

点数3

「介護家計簿」で情報を共有

自分の人生を大事にできる人は、未然にトラブルを避けるためにひと手間を惜しみません。

まず、親のお金がどれくらいあるかを知った際には、その情報をきょうだい間で共有します。さらに、親のお金を家族が管理する必要が生じたら、「誰が管理するか」を話し合います。そして、管理する者は「介護家計簿」を作成して、仕事の経費と同じ感覚で、出金の日付、明細を記入。もちろん、レシートや領収書も添付します。そして、親本人やきょうだいが見られる場所に置いておきます。家計簿アプリを使って、家族と共有するのも一案です。

それでももめそうな場合は……。社会福祉協議会では「日常生活自立支援事業」というお金の管理をするサービスを実施しているので、利用するのも一案です。

7 幼少期虐待されたトラウマ親が頼ってきたら？

自滅する人
同居して家族で介護する

自分の人生を大事にできる人
親に生活保護を申請する

義務感だけで親を看ることは難しい

もし、自分を虐待した親が泣きついて頼ってきたらどうしますか。しかも、その親に収入や蓄えがほとんどないとしたら……。

同居して介護をしてあげようと考える人は、要注意です。幼少期のトラウマが簡単に癒えるとは思えません。その親を看るというのは並大抵のことではないと思います。しかも経済的にも丸抱え？　所得のない親と同居するということは、親の生活費や医療・介護費も、子供の財布から出ていくことを意味します。負担が大きいと、今度は、自分が親のことを虐待してしまうかもしれません。

日本には低所得者向けのさまざまな制度が用意されています。その代表が、「生活保護」です。

自分の人生を大事にできる人は、負の感情を引きずっている親、しかもお金がほとんどない親から泣きついてこられても同居はせず、この「生活保護」を申請します。相談・申請は親の暮らす自治体の福祉事務所で行います。

生活保護で保障されるのは、生活費のほか、住居費、それに医療や介護の費用など。介護の度合いが重度になった際には、施設に入居することも可能です（生活保護では極暑でもエアコン利用不可、なんていう話も聞きますが、それは都市伝説で購入可です）。

虐待の発生に影響を与える要因

（ケアマネジャーによる回答）

	1位	2位	3位
身体的虐待	虐待者の介護疲れ（49.6）	虐待者の性格や人格（48.5）	高齢者本人の認知症による言動の混乱（46.5）
心理的虐待	虐待者の性格や人格（55.3）	**高齢者本人と虐待者の人間関係（54.8）**	高齢者本人の性格や人格（43.5）
経済的虐待	虐待者の性格や人格（64.0）	**高齢者本人と虐待者の人間関係（55.5）**	経済的困窮（47.9）
介護・世話の放棄・放任	**高齢者本人と虐待者の人間関係（55.2）**	虐待者の性格や人格（55.0）	高齢者本人の性格や人格（43.0）

（出典：財団法人医療経済研究・社会保険福祉協会 医療経済研究機構「家庭内における高齢者虐待に関する調査報告書」、2004）

同居すると「低所得制度」を使えない

経済的・感情的に親のことを担えない場合はもちろん、自身の健康状態が悪い場合なども義務感からの同居はお勧めしません。結果として、ことは悪い方向に進む可能性があるからです。

生活保護などの制度は、「世帯所得」が低いことが条件となります。例えば、無年金の親も、会社員の子供と同居すると「低所得」ではなくなります。生活保護の申請が不可になるどころか、その親の介護保険料などが上がる可能性もあり、介護保険のショートステイなどを利用したり、施設に入る場合に居住費や食費の減額制度を利用することも難しくなるでしょう。

確かに、子供には親への「扶養義務」がありますが、それは未成年の子を監護教育する義務と違い、「自分たちの生活を維持したうえで、かつ親の面倒を看るだけのゆとりがある場合に発生」するとされています。福祉事務所にしっかり事情を話し、自分にできる支援を考えたいものです。

7章 施設での介護もあり

どのような段階で施設介護を選択する？

自滅する人
なりゆきまかせ

自分の人生を大事にできる人
在宅介護の限界を見極めて

「限界」を超えると介護者が倒れる

できれば自宅で看てあげたい、と考えていても、介護の度合いが高くなってくると、それが難しくなることもあります。

どのタイミングで施設介護を検討しますか。

「なりゆきまかせ」と答える人は、少々気を付けてください。タイミングを逃すと、介護者の方が疲れ果て、共倒れすることも珍しくないからです。特に、

P200～でも書いたように、高齢の親が主となってもう一方の親の介護をしているときは注意が必要です。我慢強い親のなかには、「辛い」とか、「限界」と言えずに、倒れるまで頑張ってしまう人もいます。

また、配偶者、子を問わず、1対1で向き合う（2人暮らしの）在宅での介護は閉塞感が生まれやすいので注意しましょう。時折報道されている高齢者虐待なども、介護者と要介護者の2人暮らしに多く発生しています。NHKで「日本では2週間に1度介護殺人が起きている」というショッキングな報道番組も放送されていました。

命の危険がある場合は急ぐ必要がある

自分の人生を大事にできる人は、在宅介護の限界を見極めるために、「観察」の視点を大切にしています。

在宅の限界とは、どういう状態でしょう。

施設介護を検討するタイミング

❶ 介護者が共倒れしそうなとき
倒れそう、離職しなければまわらない、
虐待しそう など

❷ 要介護者が１人で過ごせなくなったとき
食事をしない、１人でトイレに行けない、
火の始末が危うい など

❸ 要介護者の介護度が
「要介護４」以上となったとき

介護者側の要因は、体力的な限界はもちろんのこと、仕事など自身の生活との両立が難しくなってきたとき。

介護を受ける側の要因は、ひとりでいると命の危険があるとき。例えば、食事をとらない、火の始末ができないなど。手だてをしても火の始末が危ういと、隣人にも重大な被害を与えることになりかねません。同居する家族がいる場合でも、1人になる時間が長いようなら気配りを。

と、いっても「限界」の見極めは難しいですね。1つの目安として、「限界」に至る前の段階として、1人でトイレに行けなくなった時点で、施設探しを始めたという声をよく聞きます。もちろん、本人の意思も大切に、話し合いを重ねます。

介護保険で入れる施設に関しては、満床のために、通常、入居まで一定期間待機することになります。介護保険の要介護度が4くらいになったときに入居申し込みをするケースが多いようです。

親の施設の立地はどこ？

自滅する人
空いていればどこでも

自分の人生を大事にできる人
メリット・デメリットを考えて検討

実家の近くか、子供の近くか

施設探しを始めるときに、その「立地」をどこにするかは悩ましい課題です。「どこでも」というわけにはいかず、慎重な判断が求められます。なぜなら、入居してから「こんなはずではなかった」となると、再検討が必要になるからです。一旦入居してから別の施設に移るのは、親にとっても、子にとっても大きな負担となります。

親と子が同居、もしくは近居のケースではその近隣で探すことが一般的です。

問題は、親子が遠く離れた場所に暮らしているケースです。

①親の暮らす家の近く

②子の暮らす家の近く

多くは、①と②で悩みます。子が複数いる場合は、どの子の近くか……。正解はありませんが、自分の人生を大事にできる人は、親本人やきょうだいと話し合って、メリット・デメリットをあぶりだして検討します。

住民票のある高齢者を優先する施設もある

親の家の近くであれば、親にとっては方言や食事の味付けなどが変わらず、馴染みやすいといえるでしょう。たまには、自宅に連れて帰ることもできるかもしれません。しかし、子供が会いに行くには時間と交通費が必要です。ま

施設の立地はメリット・デメリットを考えて

「施設が親の近く」のメリット	「施設が親の近く」のデメリット
● 親は方言、食事の味付けなど馴染みやすい ● 子供が通っていったときに、自宅に連れて帰ることができる ● 介護保険で入る施設を選びやすい など	● 子供が通っていくには時間とお金がかかる ● 病気などの際に、緊急対応がしにくい など

た、施設に入っても、病気になって入院することもあります。入退院のたびに、子供が通っていくには負担となるケースもあります。

子が複数いる場合、長男の近所か長女の近所か。長男の近所を選んだ場合、長女からは実家よりも遠方になることもあるでしょう。

また、選ぶ施設の種類によって立地が決まることがあります。介護保険で入れる特別養護老人ホームなどは、住民票のある人を優先する傾向があります。親の住所地の近隣の方が入りやすいことが多いでしょう。

認知症のお年寄りが暮らすグループホームなど小規模な施設については、所在地の自治体に暮らす高齢者を入居対象としています。子供の暮らす自治体で申し込む場合、「一定期間、住民票をお子さんの家に移してから申し込んでください」と言われる可能性が高いです。

親に判断力がある場合は、その意向もよく聞いて選択したいものです。

3 有料老人ホームに入居一時金を支払う際の注意点は？

自滅する人　パンフレットをしっかり読む

自分の人生を大事にできる人　重要事項説明書をしっかり読む

パンフレットには魅力的な言葉が羅列

そもそも、有料老人ホームで必要となる「入居一時金」とは、何でしょうか。権利金や礼金は認められておらず、家賃とサービス対価の「前払い」に当たります。最近は、すべてを月払いにするホームも増えてきました。「一時金不要」とうたっている施設です。また、「一時金方式」と「月払い方式」を選べる施設もあります。

有料老人ホームを選ぶ際、パンフレットだけを読んで、「良さそうだ！」と言う人がいますが、それは危険です。通常、パンフレットには良いことしか書かれていません。もう一歩踏み込んだ情報を得ることが大切です。

「重要事項説明書」を読み、「見学」を

その施設を選択する際の判断材料となりそうな大事なことは、「重要事項説明書」に書かれています。自分の人生を大事にできる人は、パンフレットを取り寄せる際、あるいは見学の際に、「重要事項説明書をください」と依頼して読み解きます。黙っていても、契約時には渡され説明がなされますが、その段階では要点を聞き流しがちです。

重要事項説明書からは、「入居一時金」一つをとっても、さまざまな情報を得られます。例えば、「償却率」はどのようになっているか。入居時に20〜

有料老人ホームの契約トラブルを防ぐために

❶ 現地に足を運び、パンフレットだけでなく「重要事項説明書」を読み解く

❷ 資料などに書かれていない点で不安を感じることは、確認する

❸ 契約解除（退去）の要件を事前に確認しておく

❹ 別途かかる費用について細かく確認する

❺ もらった資料は、捨てずに保管する

40％が償却され、その後5～7年かけて償却されることが一般的です。また、「短期解約特例制度」はどのようになっているか。これは、いわゆる、「クーリングオフ」です。90日以内の退去や死亡の場合、居住した期間の家賃と現状回復費を除いたほとんどが「返金」されるものです。

さらに、倒産に備えて一時金が保全されるかどうか。有料老人ホームには、500万円を上限にまだ住んでいない分の家賃の保全が義務づけられています。

入居一時金のことだけではなく、契約方式（権利形態）や職員体制、入居率、サービス内容など、知っておくべきことが一覧になっています。数か所の施設の重要事項説明書を読み比べることで理解も深まります。もちろん、施設選びでは、現地に足を運んで見学することも不可欠なので、重要事項説明書で不明点があれば、対面でしっかり確認してください。

施設介護を選びたいが、親にも子にも経済力がない

自滅する人
施設はあきらめる

自分の人生を大事にできる人
軽減制度のある施設を検討

「福祉」目的の施設は4種類

経済力の乏しい親の場合、「施設入居は無理」と思い込んでいませんか。

高齢者施設には、「営利」を目的にしたところと、「福祉（非営利）」を目的としたところがあります。前者は「商売」であり、有料老人ホームなどが当たります。一方、後者は、弱者救済の使命を負い、困っている人を優先して助けていく責務があります。

では、「福祉」目的の施設とは、どういうところでしょうか。

介護保険施設といわれる「特別養護老人ホーム（特養）」「介護老人保健施設（老健）」「介護医療院」、さらに「ケアハウス」が選択肢となります（ケアハウスは、身の回りのことができる人を対象とした「一般型」と介護認定を受けた人を対象とした「介護型」があります）。

これら4つの施設には、入居者の前年度の所得などに応じて料金が軽減される制度があります。介護保険で入れる施設では「特定入所者介護サービス費」として居住費と食費の減額を受けることができます。居室にもよりますが、国民年金のみ受給の親でも支払えるくらいの額になります。一方、ケアハウスも所得に応じ費用が軽減されます。

「福祉」目的の高齢者施設

特別養護老人ホーム（通称トクヨウ）

対象：要介護3～　料金目安5～15万円／月

常に介護を必要としており、在宅での生活が困難な状態にある高齢者を対象とした施設。食事・排泄・入浴などの日常生活の介護やリハビリが受けられる

介護老人保健施設（通称ロウケン）

対象：要介護1～　料金目安6～17万円／月

病院と自宅の中間施設。医学的な管理のもと介護や看護を受けられ、リハビリで在宅復帰をめざすための施設。

特養の待機に利用する人も多い。

介護医療院（通称イリョウイン）

対象：要介護1～　料金目安6～17万円／月

急性期の治療が終わり病状は安定しているものの、
長期間にわたり療養が必要な高齢者を対象とした施設。
施設といっても医療施設（病院）なので医学的ケアが手厚い。

ケアハウス

対象：一般型 身の回りのことができる人・介護型 要支援1～
料金目安8～30万円（一般型は＋介護費）

家庭環境や経済状況などの理由により自宅での生活が困難で生活に不安のある高 齢者を対象としている。
身の回りのことができる人が入れる「一般型」と、
介護体制の整った「介護型」がある。

生活保護を受けても入居可

生活保護を受給していても、施設に入居することはできます。福祉目的の施設はもちろん、有料老人ホームでも受け入れているところが少なくありません。介護費は介護補助で、家賃や生活費もそれぞれ定められた扶助でカバーできるので、原則自己負担はかかりません。

5 在宅介護は限界だが、特養は待機が必要だ……

自滅する人
耐えて在宅介護を継続

自分の人生を大事にできる人
待機に利用できる施設を探す

「限界」を超えてはならない

特別養護老人ホーム（特養）に申し込みをしても、待機者が多くて驚くことがあります。多くの人が複数の特養に申し込んでいるために実態以上に倍率が膨れていることが一因です。では、時間がかかるときには、どうすればいいのでしょう。耐えるしかないのでしょうか。

自分の人生を大事にできる人は、「自滅」しないよう、打てる手だてを打ちます。

まず「限界」であると、担当のケアマネジャーに訴えて、善後策を一緒に考えてもらいます。P178～で述べた「ショートステイ」を連続30日利用する方法も一案です。

また、全国津々浦々の特養が混んでいるわけではなく、空きがあるところもあります。ケアマネジャーや地域包括支援センターに相談して、多少遠方でも選択肢となるところがないか調べてもらうといいでしょう。

さらに、「気が付けば親の首に手を回していた」などということがあれば、そのことを役所に相談してください。すでに「限界」ではなく、「限界を超えている」状況です。親を手にかけるのは、絶対に避けなければならない「最悪の自滅」だといえます。緊急性が非常に高いと判断されると、「緊急枠」を利用しての入居が認められるケースがあります。

限界なのに特養の待機期間が長いとき

- 限界であることを担当のケアマネジャー、
  地域包括支援センターに相談する
- 特養の入居順がくるまで、老健に入居してもらう
- 経済的にゆとりがある場合は、
  有料老人ホームを検討する

一時的に別の施設に入ってもらう

一方、他の施設に一時的に入ってもらい特養の順番がくるのを待つという人もいます。

多いのは、介護老人保健施設（老健）に入ってもらって特養の順番を待つという方法です。老健は、本来、入院していた高齢者が在宅復帰を目指してリハビリを行う施設ですが、現状は、特養の待機に利用している人が少なくありません。もともと3か月程度を目途に入居する施設なので、特養ほどは混んでおらず入りやすいといえるでしょう。3か月ごとに別の老健に移る人もいます。

入居一時金の必要がない有料老人ホームなどに入居し、特養の入居順がくるのを待つという選択をする人もいます。一時金がなければ、退去の決断がしやすいからです。ただし、料金が高額だと、時間が経過するほど気が気ではなくなります。

6 ホテルのようにきれいな施設。あと1部屋と言われたら

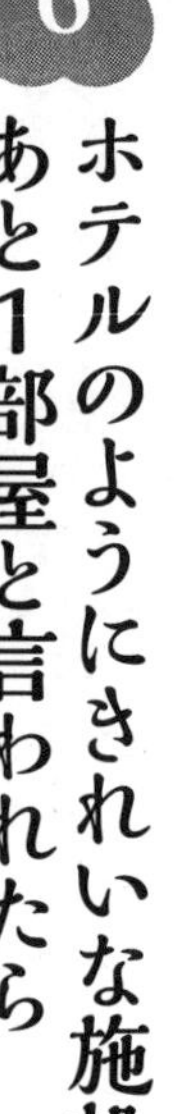

消費者視点を持つ

さまざまな種類の高齢者施設があります。最初は、見学に出掛けても、そこがどの種類の施設なのかよく分からないことが多いと思います。

そんななか、たまたま出掛けた施設で、「1部屋だけ空いています。すぐに埋まると思います。お申し込みされてはどうですか」と勧められたら？　しか

も、ホテルのようにきれいな施設だとしたら、どうしますか。

即決することはお勧めできません。しかも、入居する本人である親の意思確認をしないままに決めるのはいかがなものでしょう。きょうだいがいる場合は、決める前に相談しなければ、もめごとの元です。

すでに説明した通り、高齢者施設は「福祉」目的と「営利」目的に分けることができます。「福祉」の施設は満床が多く、めったに「あと1部屋」ということはありませんが、「営利」の施設に空きがあるのは珍しいことではありません。

福祉施設なら、「あと1部屋」と言われたら、「幸運」と捉えて早急に検討・決断するほうがいい場合がありますが、営利の施設で即決を勧めるところは、眉唾物です。相手は商売ですから、こちらも消費者視点を持ちましょう。

高齢者施設の見学ポイント

昼食時間は入居者が集まるので
雰囲気をつかみやすい

見学や体験入居で相性を確認する

自分の人生を大事にできる人は、たまたま出会った施設で即決はしません。「いくつかの施設を見学して、比較検討してみよう」と考えます。

比較検討したうえで、「やっぱり、ココがいい！」と思えたら、入居する当人である親やきょうだいにも現地に足を運んでもらいます。

体力的な理由などで親本人が見学することが難しい場合は、「体験入居」がお勧めです。数日から2週間ほど宿泊して、サービスを受け、スタッフや入居している人との相性、雰囲気に馴染めるかを確認します。

さらに、契約をすることにしても、まだ気を抜きません。P260～で説明した重要事項説明書などをじっくり読んだうえで、「クーリングオフ」についても再確認します。もしも、馴染めない場合は「90日以内の退去もやむなし（クーリングオフを利用）」と心づもりし、入居後もたびたび面会をして親の状況や表情を注意深く見守ります。

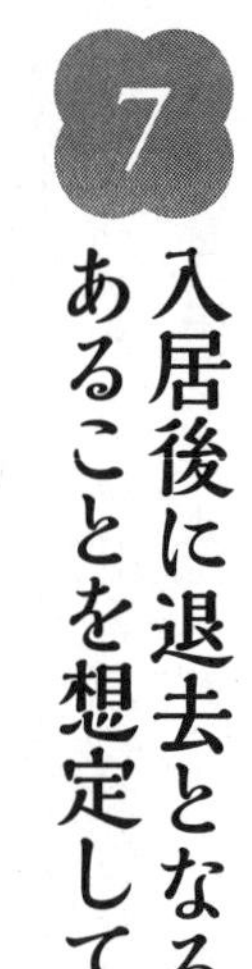

7 入居後に退去となる場合があることを想定しているか？

自滅する人
最期までいさせてもらうつもり

自分の人生を大事にできる人
強制退去があることを想定

最期までいられるとは限らない

親の施設入居を検討する際、入居期間について「いつまで」と考えていますか。一時的と限定していない限り、「最期までいさせてもらうつもり」という声が多いように思います。言葉にしないまでも、ココロの奥では、「亡くなるまでだろう」と想定していませんか。

しかし、施設側に確認もせずに「最期まで」と決め込んでいる人が少なくないようです。実際、「高齢者施設に入っていた親が、退去しなければいけなくなった」という声を聞くことがあります。その時点での子供の表情は暗く慌てたものです。

施設で生活していた親を自宅に連れて帰るのは、簡単なことではありません。家族の誰かが仕事を辞めるなど、追い込まれる可能性があります。親にとっても、慣れた環境から変わらなければならないのは大変なことです。

「退去」のことは入居時点に考える

自分の人生を大事にできる人は、施設を探す時点で「強制退去がある」ことを想定し、可能な限りリスクの低い入居先を検討します。候補を絞る時点で「看取り」をしてくれることを条件にしている人もいます。

では、どのような場合に退去しなければいけなくなるのでしょう。

こんなときは施設から退去に

- 介護度が重くなったり、
  周囲とのトラブルが増加した場合
  (そもそも、「看取り」まで行う施設か
  入居時点で要確認)
- 医療依存度が増したり、
  入院期間が長くなった場合
- 利用料を滞納した場合
- 施設が廃業・倒産した場合

その施設が、そもそも身の回りのことのできる人を対象とした施設であれば、介護度が重くなると暮らし続けることは難しいでしょう。介護型の施設でも、認知症などの症状が重くなり周囲とのトラブルが増えてくると退去するように言われることがあります。

一方、医療依存度が高くなると退去しなければいけなくなることが多いようです。施設に看護師がいれば、多少の医療行為はお願いできるところもありますが、「24時間体制」は介護型の有料老人ホームでさえ2割程度です。長期入院した場合の契約についても、確認が必要でしょう。

利用料が払えなくなっても、当然退去しなければなりません。逆に、施設の廃業・倒産もありえます。

入居先を絞る時点で、これまで退去した人の要因や、その後の行き先についても聞いてみましょう。看取りまで行うという施設では、その実績や、看取り介護の方法を明記した「看取り指針」を見せてもらってください。

8 定期的に親の様子を見に行く？

自滅する人
お役御免と、面会に行かない

自分の人生を大事にできる人
定期的に様子をみにいく

目配り、心配りが子の役割

親が施設に入居すると、子供としてはさみしい半面ほっとするという声をよく聞きます。

ほっとして、その後、「お役御免」と、施設に足を運ばない子供もいます。けれども、施設に入居しても家族の役割はあります。施設介護であっても、ケアプランによって介護が行われます。どのようなケアが必要か、親と話したり状況を把握したりすることで施設側に伝えることができます。

自分の人生を大事にできる人は、親の人生も大事にします。

定期的に施設に顔を出す子供は、親の愚痴や不満に耳を傾けます。親はスタッフに言いたいことを言えないでいることもあります。また、大方のスタッフは懸命に介助してくれていますが、なかには入居者を虐待するような者がいないとも限りません。ちょこちょこ顔を出すことは、そうした監視にもつながります。一方、家族が顔出しをして親を気遣う様子を見ると、施設のスタッフも「大切に介護をしてあげたい」という原動力となることがあるようです。

親が言えないことは、代わって施設に伝える。逆に施設から親のことで連絡を受けることもあるでしょう。介護の方法について話し合ったり、緊急時の対応をしたりすることも子供の役割です。

親本人がお金の管理をすることが難しい状況であれば、施設の費用や医療費の支払いなどを代わって行ったり、居室に置いておくお金のことなども親と相

施設入居後もできることはある

施設スタッフと二人三脚で親をささえる

談したりします。P158～で説明した「マネジメント」が施設入居後も続くということです。

施設スタッフと二人三脚の関係で

スタッフの対応により、親が喜んでいること、子供にとっても嬉しいことがあれば、笑顔で、お礼を言いたいものです。コミュニケーションをよくすることが親にとっての心地よい暮らしにつながります。また、多くの施設で、入居者の家族とスタッフが意見交換などを行う懇談会や家族会を実施しています。参加すればスタッフと良好な関係を築く機会となるでしょう。他の入居者の家族と知り合うチャンスでもあります。

親が施設に入居しても、親子の縁が切れるわけでも、何もできなくなるわけでもありません。施設のスタッフと二人三脚で、親の人生が少しでも快適なものとなるように応援を続けたいものです。

あとがき

本書を読み終えて、どのような感想をお持ちでしょうか。

「はじめに」でも書いた通り、介護に正解はありません。だからこそ、多様な考え方があるといえます。「思いこみ」や「固定概念」によって自分をがんじがらめにすることをやめれば、もっと笑顔で親と向き合うことができるのではないでしょうか。

本書を1つの参考として、別の選択肢がないかと考え、行動し、ことが良い方向に進むことを願っています。

情報をしっかり集めて、あなたにできることは何かと考えましょう。「今」だけを見るのではなく、半年後、1年後、3年後、5年後、10年後……、のことを見据えながら。

親だけでなく、あなたの将来も。

親もあなたも「アラハン」（P58）まで、生きることになるかもしれません。

「孝行をしたい時分に親はなし」という諺が当てはまらないケースもあります。

ときには、割り切って「ドライな子供」にならざるを得ないこともあるでしょう。


罪悪感がわいてきたら、つぶやいてみましょう。

「自分が元気でなければ、親を看ることなんてできない」

「自分が笑顔でなければ、親を笑顔にできない」

世間体なんて、どうでもいいじゃないですか！

「育ててもらった恩」という言葉を、「育てさせてあげた恩」と言い換えて親の意向にそえない罪悪感と戦っている子と出会ったこともあります。

最後まで読んでいただき、ありがとうございました。

介護の現場の取材を始めて20数年、この間、お会いして話を聞かせてくださった多くの方々の声があって、本書が完成しました。心から感謝します。また、今回、このような執筆の機会を与えてくださった日本経済新聞出版社様、一緒に企画を練りあげてくださった編集部の長澤香絵さんにお礼申し上げます。

2017年1月

太田差惠子

本書は、２０１７年2月に日本経済新聞出版社から発行した『親の介護で自滅しない選択』を文庫化にあたって一部加筆・編集したものです。

日経ビジネス人文庫

親(おや)の介護(かいご)で自滅(じめつ)しない選択(せんたく)

2021年6月1日 第1刷発行

著者
太田差惠子
おおた・さえこ

発行者
白石 賢

発行
日経BP
日本経済新聞出版本部

発売
日経BPマーケティング
〒105-8308 東京都港区虎ノ門4-3-12

ブックデザイン
野田明果

本文DTP
マーリンクレイン

印刷・製本
中央精版印刷

Printed in Japan ISBN978-4-532-24005-9